21 世纪高等职业教育创新型精品规划教材(会计类专业适用)

中级企业财务会计

Middle-level Financial Accounting of Enterprises

主　编　史新浩　李顺燕
副主编　康世硕　王　瑜　邵　丽
　　　　李福敏　张国江

天津大学出版社
TIANJIN UNIVERSITY PRESS

内容简介

本教材是高职高专会计类专业指定教材，也是特色专业建设的“双证融通”教材。它以新《企业会计准则》及其应用指南和《企业会计准则讲解(2008)》为依据，主要阐述了会计调整、特殊业务核算以及合并财务报表等内容，把会计职业资格考试的要求渗透到教材中，突出了会计实务的分析讲解。每章开篇指明了“学习要求”、“能力目标”和“学习指导”，在教材内容中安排了“试试看，你能行”小问题，每章后面安排了“知识链接”环节。

图书在版编目(CIP)数据

中级企业财务会计 / 史新浩，李顺燕主编. 天津：天津大学出版社，2010.1（2012.3重印）

ISBN 978-7-5618-3280-6

21世纪高等职业教育创新型精品规划教材. 会计类专业适用

Ⅰ.①中… Ⅱ.①史… Ⅲ.①企业管理－财务会计－高等学校：技术学校－教材 Ⅳ. ①F275.2

中国版本图书馆CIP数据核字(2009)第207591号

出版发行 天津大学出版社
出 版 人 杨欢
地　　址 天津市卫津路92号天津大学内(邮编:300072)
电　　话 发行部:022-27403647 邮购部:022-27402742
网　　址 publish.tju.edu.cn
印　　刷 廊坊市长虹印刷有限公司
经　　销 全国各地新华书店
开　　本 169mm×239mm
印　　张 12.75
字　　数 272千
版　　次 2010年1月 第1版
印　　次 2012年3月 第2次
印　　数 3 001-5 000
定　　价 28.00元

前　言

财政部颁布的包括1项基本准则和38项具体准则的新企业会计准则体系已于2007年在上市公司开始实施。根据企业会计准则执行情况和有关问题，财政部又制定和印发了《企业会计准则解释第1号》、《企业会计准则解释第2号》。从2008年1月1日起，企业会计准则扩大了实施范围，包括中央国有企业、城市商业银行等非上市银行业金融机构，非上市保险公司以及部分地方国有企业等；2009—2010年，还将进一步扩大准则实施范围，在3~5年的时间内，所有大中型企业都要全面执行该套准则体系。作为肩负着为国家培养高素质技能型专门人才的高职院校教师，我们认为有责任推动新企业会计准则在企业的全面实施，而编写教材是推动企业会计准则实施最有效的方式。为此，我们组织一批从事会计专业教学并有丰富教学实践经验的高职院校教师合作编写了本教材。本教材也是我们为高职高专会计电算化省级特色专业建设编写的系列教材之一。

本教材在章节设计、内容安排、语言表达以及案例分析等方面，力求突出以下特点。

(1)准确定位。突破教材编写完整性、系统性、理论性的束缚，根据高职高专财会类专业“立足岗位、突出能力”的教育理念，在知识体系的编排上注意与会计从业资格、会计专业技术资格等考试相结合，把相关职业资格考试的要求渗透到教材中，为“双证融通”和职业技能培养奠定良好基础，使该教材具有较强的针对性。

(2)内容最新。鉴于执行新《企业会计准则》及其应用指南的企业不再执行原有准则、《企业会计制度》、《金融企业会计制度》、各项专业核算办法和问题解答，为推动新会计准则在广大企业的有效实施，本教材完全以新的《企业会计准则》及其应用指南和《企业会计准则讲解(2008)》为依据，借鉴和吸收了大量最新的研究成果。需要特别指出的是，新《增值税暂行条例》已于2009年1月1日开始实施，其主要变化也在本套教材的相关内容中得到了体现和应用。

(3)形式灵活。每章的开篇设置了“学习要求”、“能力目标”和“学习指导”,有利于提高学生学习的针对性;在教材内容的阐述中安排了适量的“试试看,你能行”小问题,与教材内容和例题相辅相成,有利于培养和提高学生分析问题和解决问题的能力;每章内容的后面,安排了“知识链接”,意在给学生提供一种新的学习方法,提高学生分析问题、比较问题、总结问题的能力,培养和锻炼学生查阅、检索资料的能力。全书通过灵活多样的形式,尽可能地让学生加深理解、轻松掌握会计准则的内涵及其应用。

(4)结构合理。会计准则体系庞大、内容繁多,为此我们分别编写了《初级企业财务会计》和《中级企业财务会计》。《初级企业财务会计》主要阐述了会计基本理论,会计要素的确认、计量和记录以及财务报表等内容,可以满足学生“双证融通”和技能培养的需要;《中级企业财务会计》主要阐述了会计调整、特殊业务核算以及合并财务报表等内容,可以满足学生进一步学习提高的需要。这两本教材并没有全面介绍企业会计准则体系的全部内容,而是对涉及一般工商企业的会计准则作了比较详细的介绍,突出了会计实务的分析讲解,尽量避免过多理论性的阐述。本教材高度重视“双证融通”和学生技能培养,特别编写了与其配套的学习指导书,学生通过自我训练,结合答案解析,可以强化对所学知识的理解,检测自己对专业知识和职业技能的掌握程度。

本教材由史新浩、李顺燕任主编,康世硕、王瑜、邵丽、李福敏、张国江任副主编。各章节分工如下:第 1 章由吴向阳编写,第 2 章由张建峰、张国江编写,第 3 章由邵丽、李福敏编写,第 4 章由李梅、李顺燕编写,第 5 章由薄异伟编写,第 6 章由彭新媛编写,第 7 章由王瑜、李培娥编写,第 8 章由胡静丽编写,第 9 章由顾素红编写,第 10 章由史新浩、康世硕编写。各章节编写人员负责初稿的撰写和初审。主编负责拟定撰写大纲、设计章节架构,对全书内容进行修改、校正,最后总纂、定稿。

本教材的出版得到了天津大学出版社的大力支持和帮助,出版社赵宏志先生对本书“双证融通”、突出技能培养等教材改革问题提出了很多具有建设性的宝贵意见,在此表示诚挚的谢意!同时,我们在编写本书过程中参阅了大量已有成果,在此谨向原作者表示衷心的感谢!

虽然我们在教材编写过程中付出了很多时间和努力,但限于水平,书中难免存在不足之处,恳请学术界同仁不吝指正,以便今后进一步修改和完善。

编　者

2009 年 12 月

目　　录

1

投资性房地产

学习要求

(1)掌握投资性房地产初始计量的核算。

(2)掌握投资性房地产后续计量的核算。

(3)掌握投资性房地产转换的核算。

(4)熟悉投资性房地产后续计量模式变更的核算。

(5)熟悉投资性房地产处置的核算。

(6)理解投资性房地产的确认条件。

(7)了解投资性房地产的概念和范围。

能力目标

结合本章内容的学习,学生应当掌握下列专业技能:

(1)能够正确填制和审核与投资性房地产有关的原始凭证;

(2)能够根据有关原始凭证,正确运用本章所学会计科目填制记账凭证;

(3)能够根据记账凭证的记录,正确登记投资性房地产总账及其明细账;

(4)能够正确计算和结转投资性房地产总账及其明细账的余额,完成投资性房地产总账及其明细账之间的账账核对。

学习指导

(1)将投资性房地产的确认和计量与“资产”要素的确认和计量对照学习。

(2)分析投资性房地产设置的会计科目及其核算内容、登记方向、期末余额的计算。

(3)对于投资性房地产,明确其在资产负债表中对应的项目。

(4)对于投资性房地产会计科目的期末余额,明确其在资产负债表中如何列示。

1.1 投资性房地产概述和初始计量

1.1.1 投资性房地产的概念和范围

1.1.1.1 投资性房地产的概念

投资性房地产,是指为赚取租金或资本增值,或两者兼有而持有的房地产。投资性房地产应当能够单独计量和出售。

就某些企业而言,投资性房地产属于日常经营性活动,形成的租金收入或转让增值收益确认为企业的主营业务收入;但对于大部分企业而言,投资性房产地是与经营性活动相关的其他经营活动,形成的租金收入或转让增值收益构成企业的其他业务收入。

1.1.1.2 投资性房地产的范围

投资性房地产主要包括:已出租的土地使用权、持有并准备增值后转让的土地使用权和已出租的建筑物。

1. 已出租的土地使用权

已出租的土地使用权,是指企业通过出让或转让方式取得的、以经营租赁方式出租的土地使用权。企业计划用于出租但尚未出租的土地使用权,或企业以经营租赁方式租入再转租给其他单位的土地使用权,均不属于投资性房地产。

例如,甲公司与乙公司签署了土地使用权租赁协议,甲公司以年租金720万元租用乙公司拥有的40万平方米土地的土地使用权。那么,自租赁协议约定的租赁期开始日起,这项土地使用权属于乙公司的投资性房地产。

2. 持有并准备增值后转让的土地使用权

持有并准备增值后转让的土地使用权,是指企业通过出让或转让方式取得的并准备增值后转让的土地使用权。按照国家有关规定认定的闲置土地,不属于持有并准备增值后转让的土地使用权,也就不属于投资性房地产。

例如,某企业发生转产或厂址搬迁,部分土地使用权停止自用,管理层决定继续持有这部分土地使用权,待其增值后转让以赚取增值收益。那么,自企业管理当局作出书面决议的日期起,该企业拥有的这部分土地使用权就属于投资性房地产。

3. 已出租的建筑物

已出租的建筑物,是指企业拥有产权并以经营租赁方式出租的建筑物,包括自行建造或开发活动完成后用于出租的建筑物。

例如,甲公司将其拥有的某栋厂房整体出租给乙公司,租赁期2年。对于甲公司而言,自租赁期开始日起,这栋厂房属于其投资性房地产。

企业计划用于出租但尚未出租的建筑物,或企业以经营租赁方式租入再转租给其他单位的建筑物,均不属于投资性房地产。企业持有以备经营出租的空置建筑物,只有企业管理当局(董事会或类似机构)作出正式书面决议,明确表明将其用于经营出租且持有意图短期内不再发生变化的,可视为投资性房地产。

企业将建筑物出租,按租赁协议向承租人提供的相关辅助服务在整个协议中不重大的,应当将该建筑物确认为投资性房地产。

【例1.1】 甲公司在开发区购买了一栋写字楼,共12层。其中,1层经营出租给某家大型超市,2~5层经营出租给乙公司,6~12层经营出租给丙公司。甲公司同时为该写字楼提供保安、维修等日常辅助服务。

本例中,甲公司将写字楼出租,同时提供的辅助服务不重大。对于甲公司而言,这栋写字楼属于甲公司的投资性房地产。

此外,下列各项不属于投资性房地产。

(1)自用房地产,即为生产商品、提供劳务或者经营管理而持有的房地产,包括自用厂房和办公楼(固定资产)、自用土地使用权(无形资产)。例如,企业出租给本企业职工居住的宿舍,虽然也收取租金,但间接为企业自身的生产经营服务,因此具有自用房地产的性质。又如,企业拥有并自行经营的旅馆饭店,其经营目的主要是通过向客户提供服务取得服务收入,因此,企业自行经营的旅馆饭店是企业的经营场所,不确认为投资性房地产。

(2)作为存货的房地产,通常是指房地产开发企业在正常经营过程中销售或为销售而正在开发的商品房和土地。

在实务中,某项房地产部分用于赚取租金或资本增值,部分自用(即用于生产商品、提供劳务或经营管理)。对于能够单独计量和出售的房地产,用于赚取租金或资本增值的部分,应当确认为投资性房地产;对于不能够单独计量和出售的房地产,用于赚取租金或资本增值的部分,不确认为投资性房地产。

例如,某房地产开发商建造了一栋商住两用楼盘,一层出租给一家大型超市,已签订经营租赁合同;其余楼层均为普通住宅,正在公开销售。这种情况下,一层商铺如果能够单独计量和出售,应当确认为该企业的投资性房地产;其余楼层为该企业的存货,即开发产品。

1.1.2 投资性房地产的确认和初始计量

1.1.2.1 投资性房地产的确认

投资性房地产只有在符合概念的前提下,同时满足下列条件,才能予以确认:

(1)与该投资性房地产相关的经济利益很可能流入企业;

(2)该投资性房地产的成本能够可靠地计量。

对已出租的土地使用权或已出租的建筑物,其作为投资性房地产的确认时点为租赁期开始日,即土地使用权或建筑物进入出租状态,开始赚取租金的日期。企业管理当局对企业持有以备经营出租的空置建筑物,作出正式书面决议,明确表明将其用于经营出租且持有意图短期内不再发生变化的,可视为投资性房地产,其作为投资性房地产的确认时点为企业管理当局就该事项作出正式书面决议的日期。对持有并准备增值后转让的土地使用权,其作为投资性房地产的确认时点为企业将自用土地使用权停止自用,准备增值后转让的日期。

1.1.2.2 投资性房地产的初始计量

投资性房地产应当按照成本进行初始计量。下面介绍两种类型投资性房地产的初始计量。

1. 外购的投资性房地产

企业外购的房地产,只有在购入的同时开始对外出租(自租赁期开始日起,下同)或用于资本增值,才能称之为外购的投资性房地产。外购投资性房地产的成本,包括购买价款、相关税费和可直接归属于该资产的其他支出。

企业外购的房地产,自用一段时间之后再改为出租或用于资本增值的,应当先将外购的房地产确认为固定资产或无形资产,自租赁期开始日或用于资本增值日起,才能从固定资产或无形资产转换为投资性房地产。

在采用成本模式计量下,外购的土地使用权和建筑物,按照取得时的实际成本进行初始计量,借记"投资性房地产"科目,贷记"银行存款"等科目。在采用公允价值模式计量下,企业应当在"投资性房地产"科目下设置"成本"和"公允价值变动"两个明细科目,按照外购的土地使用权和建筑物发生的实际成本,记入"投资性房地产——成本"科目。

【例 1.2】 2009 年 11 月,甲公司计划购入一栋写字楼用于对外出租。11 月 15 日,甲公司与乙公司签订了经营租赁合同,约定自写字楼购买日起将这栋写字楼出租给乙公司,为期 5 年。12 月 5 日,甲公司实际购入写字楼,支付价款共计 1 000 万元。假设不考虑其他因素,甲公司采用成本模式进行后续计量。

甲公司的账务处理如下。

借:投资性房地产——写字楼	10 000 000	
贷:银行存款		10 000 000

【例 1.3】 沿用例 1.2,假设甲公司拥有的投资性房地产符合采用公允价值模式计量的条件,采用公允价值模式进行后续计量。

甲公司的账务处理如下。

借:投资性房地产——成本(写字楼) 10 000 000

　贷:银行存款 10 000 000

2. 自行建造的投资性房地产

企业自行建造或开发活动完成后用于出租的房地产属于投资性房地产。只有在自行建造或开发活动完成的同时开始出租,才能将自行建造或开发完成的房地产确认为投资性房地产。企业自行建造的房地产达到预定可使用状态后一段时间才对外出租或用于资本增值的,应当先将自行建造的房地产确认为固定资产或无形资产,自对外租赁期开始日或用于资本增值日起,才能从固定资产或无形资产转换为投资性房地产。

自行建造的投资性房地产的成本,由建造该项投资性房地产达到预定可使用状态前发生的必要支出构成。在采用成本模式计量下,应按照确定的成本,借记"投资性房地产"科目,贷记"在建工程"或"开发产品"科目。在采用公允价值模式计量下,应按照确定的成本,借记"投资性房地产——成本"科目,贷记"在建工程"或"开发产品"科目。

【例1.4】 2009年8月,甲公司从其他单位购入一块土地的使用权,并在这块土地上开始自行建造三栋厂房。2009年11月,甲公司预计厂房即将完工,与乙公司签订了经营租赁合同,将其中的一栋厂房租赁给乙公司使用。租赁合同约定,该厂房于完工(达到预定可使用状态)时开始起租。2009年12月1日,三栋厂房同时完工(达到预定可使用状态)。该块土地使用权的成本为600万元,三栋厂房的实际造价均为1 000万元,能够单独出售。假设甲公司采用成本计量模式。

甲公司的账务处理如下:

借:投资性房地产——厂房 10 000 000

　贷:在建工程 10 000 000

借:投资性房地产——已出租土地使用权 2 000 000

　贷:无形资产——土地使用权 2 000 000

本例中,土地使用权部分转换为投资性房地产的金额 $=600\times(1\ 000\div3\ 000)=200$(万元)。

1.2 投资性房地产的后续计量

投资性房地产的后续计量,通常应当采用成本模式,只有满足特定条件的情况下才可以采用公允价值模式。但是,同一企业只能采用一种模式对所有投资性房地产进行后续计量,不得同时采用两种计量模式。

1.2.1 采用成本模式进行后续计量的投资性房地产

在成本模式下,应当按照固定资产或无形资产的有关规定,对投资性房地产进行后续计量,具体应当遵循以下会计处理规定。

(1)按照固定资产或无形资产的有关规定,对投资性房地产计提折旧或进行摊销时,借记“其他业务成本”科目,贷记“投资性房地产累计折旧(摊销)”科目。

(2)取得的租金收入,借记“银行存款”等科目,贷记“其他业务收入”等科目。

(3)投资性房地产存在减值迹象的,按照资产减值准则的有关规定,经减值测试后确定发生减值的,应当计提减值准备,借记“资产减值损失”科目,贷记“投资性房地产减值准备”科目。已经计提减值准备的投资性房地产,其减值损失在以后的会计期间不得转回。

【例 1.5】 甲公司的一栋办公楼出租给乙公司使用,已确认为投资性房地产,采用成本模式进行后续计量。假设这栋办公楼的成本为 1 800 万元,按照直线法计提折旧,使用寿命为 20 年,预计净残值为零。按照经营租赁合同,乙公司每月支付甲公司租金 8 万元。当年 12 月,这栋办公楼发生减值迹象,经减值测试,其可收回金额为 1 300 万元,此时办公楼的账面价值为 1 500 万元,以前未计提减值准备。

甲公司的账务处理如下:

(1)计提折旧的会计分录。

借:其他业务成本	75 000	
贷:投资性房地产累计折旧(摊销)		75 000

上述分录中,月折旧额 =1 800 ÷20 ÷12 =7.5(万元)。

(2)确认租金的会计分录。

借:银行存款(或其他应收款)	80 000	
贷:其他业务收入		80 000

(3)计提减值准备的会计分录。

借:资产减值损失	2 000 000	
贷:投资性房地产减值准备		2 000 000

上述分录中,投资性房地产应计提的减值准备 =1 500 -1 300 =200(万元)。

1.2.2 采用公允价值模式进行后续计量的投资性房地产

1.2.2.1 采用公允价值模式进行后续计量的前提条件

企业只有存在确凿证据表明投资性房地产的公允价值能够持续可靠取得,才可以采用公允价值模式对投资性房地产进行后续计量。企业一旦选择公允价值模式,就应当对其所有投资性房地产均采用公允价值模式进行后续计量;不得对一部分投资性房地产采用成本模式进行后续计量,同时对另一部分投资性房地产采用公允价值模式进行后续计量。

采用公允价值模式进行后续计量的投资性房地产,应当同时满足下列条件。

(1)投资性房地产所在地有活跃的房地产交易市场。所在地,通常指投资性房地产所在的城市;对于大中型城市,应当为投资性房地产所在的城区。

(2)企业能够从活跃的房地产交易市场上取得同类或类似房地产的市场价格及

其他相关信息,从而能对投资性房地产的公允价值作出合理的估计。同类或类似的房地产,对建筑物而言,是指所处地理位置和地理环境相同、性质相同、结构类型相同或相近、新旧程度相同或相近、可使用状况相同或相近的建筑物;对土地使用权而言,是指同一位置区域、所处地理环境相同或相近、可使用状况相同或相近的土地。

1.2.2.2 采用公允价值模式进行后续计量的会计处理

采用公允价值模式进行后续计量的投资性房地产,应当遵循以下会计处理规定。

(1)不对投资性房地产计提折旧或进行摊销,应当以资产负债表日投资性房地产的公允价值为基础调整其账面价值,将公允价值与原账面价值之间的差额计入当期损益。

资产负债表日,投资性房地产的公允价值高于原账面价值的差额,借记"投资性房地产——公允价值变动"科目,贷记"公允价值变动损益"科目;公允价值低于原账面价值的差额,作相反的会计分录。

(2)取得的租金收入,借记"银行存款"等科目,贷记"其他业务收入"等科目。

【例1.6】 甲公司是从事房地产经营开发的企业。2009 年 8 月,甲公司与乙公司签订租赁协议,约定将甲公司开发的一栋精装修的写字楼于开发完成的同时开始租赁给乙公司使用,租赁期为 8 年。当年 10 月 1 日,该写字楼开发完成并开始起租,写字楼的造价为 9 000 万元。由于该栋写字楼地处商业繁华区,所在城区有活跃的房地产交易市场,而且能够从房地产交易市场上取得同类房地产的市场报价,甲公司决定采用公允价值模式对该项出租的房地产进行后续计量。2009 年 12 月 31 日,该写字楼的公允价值为 9 200 万元。2010 年 12 月 31 日,该写字楼的公允价值为 9 300 万元。

甲公司的账务处理如下。

(1)2009 年 10 月 1 日,甲公司开发完成写字楼并出租。

借:投资性房地产——成本	90 000 000	
贷:开发产品		90 000 000

(2)2009 年 12 月 31 日,以公允价值为基础调整其账面价值,将公允价值与原账面价值之间的差额计入当期损益。

借:投资性房地产——公允价值变动	2 000 000	
贷:公允价值变动损益		2 000 000

(3)2010 年 12 月 31 日,公允价值又发生变动。

借:投资性房地产——公允价值变动	1 000 000	
贷:公允价值变动损益		1 000 000

1.2.3 投资性房地产后续计量模式的变更

企业对投资性房地产的计量模式一经确定,不得随意变更。存在确凿证据表明,投资性房地产的公允价值能够持续可靠取得,且能够满足采用公允价值模式进行后续计量前提条件的情况下,才允许企业对投资性房地产从成本模式计量变更为公允价值模式计量。已采用公允价值模式计量的投资性房地产,不得从公允价值模式变更为成本模式。

从成本模式转换为公允价值模式,应当作为会计政策变更处理,根据计量模式变更时公允价值与账面价值的差额,调整期初留存收益。企业应当按照计量模式变更日投资性房地产的公允价值,借记“投资性房地产——成本”科目;按照已计提的折旧或摊销,借记“投资性房地产累计折旧(摊销)”科目;按照原已计提的减值准备,借记“投资性房地产减值准备”科目;按照原账面余额,贷记“投资性房地产”科目;按照公允价值与其账面价值之间的差额,贷记或借记“利润分配——未分配利润”、“盈余公积”等科目。

【例1.7】 甲公司将某一栋写字楼租赁给丙公司使用,并一直采用成本模式进行后续计量。2009年1月1日,甲公司认为,出租给丙公司使用的写字楼,其所在地的房地产交易市场比较成熟,具备了采用公允价值模式计量的条件,决定对该项投资性房地产从成本模式转换为公允价值模式计量。该写字楼的原造价为9 000万元,已计提折旧270万元,账面价值为8 730万元。2009年1月1日,该写字楼的公允价值为9 500万元。假设甲公司按净利润的10%计提盈余公积。

甲公司的账务处理如下:

借:投资性房地产——成本　　95 000 000
　投资性房地产累计折旧(摊销)　　2 700 000
　贷:投资性房地产　　90 000 000
　　利润分配——未分配利润　　6 930 000
　　盈余公积　　770 000

1.3 投资性房地产的转换和处置

1.3.1 房地产的转换

1.3.1.1 房地产的转换形式及转换日

1. 房地产的转换形式

房地产的转换,实质上是因房地产的用途发生改变而对房地产进行的重新分类。这里所说的房地产转换是针对房地产的用途发生改变而言,而不是后续计量模式的转变。

企业必须有确凿证据表明房地产用途发生改变,才能将投资性房地产转换为非投资性房地产或者将非投资性房地产转换为投资性房地产。这里的确凿证据包括两个方面:一是企业管理当局应当就改变房地产用途形成正式的书面决议;二是房地产因用途改变而发生实际状态上的改变,如从自用状态改为出租状态。房地产转换形式主要包括以下几方面。

(1)投资性房地产开始自用,是指企业将原来用于赚取租金或资本增值的房地产改为用于生产商品、提供劳务或者经营管理，相应地由投资性房地产转换为固定资产或无形资产。例如，企业将出租的厂房收回，并用于生产本企业的产品；又如，从事房地产开发的企业将出租的开发产品收回，作为企业的固定资产使用。

(2)作为存货的房地产改为出租，通常指房地产开发企业将其持有的开发产品以经营租赁的方式出租，相应地由存货转换为投资性房地产。

(3)自用土地使用权停止自用并用于赚取租金或资本增值，相应地由无形资产转换为投资性房地产。

(4)自用建筑物停止自用改为出租，相应地由固定资产转换为投资性房地产。

2. 房地产转换日的确定

转换日，是指房地产的用途发生改变、状态相应发生改变的日期。转换日的确定标准主要包括以下几方面。

(1)投资性房地产开始自用，转换日是指房地产达到自用状态，企业开始将房地产用于生产商品、提供劳务或者经营管理的日期。

(2)作为存货的房地产改为出租，或者自用建筑物或土地使用权停止自用改为出租，转换日应当为租赁期开始日。租赁期开始日是指承租人有权行使其使用租赁资产权利的日期。

(3)自用土地使用权停止自用改为用于资本增值，转换日是指企业停止将该项土地使用权用于生产商品、提供劳务或经营管理，且管理当局作出房地产转换决议的日期。

1.3.1.2 房地产转换的会计处理

1. 成本模式下的转换

1)采用成本模式计量的投资性房地产转换为自用房地产

企业将投资性房地产转换为自用房地产，应当按该项投资性房地产在转换日的账面余额、累计折旧或摊销、减值准备等，分别转入“固定资产”、“累计折旧”、“固定资产减值准备”等科目。按投资性房地产的账面余额，借记“固定资产”或“无形资产”科目，贷记“投资性房地产”科目；按已计提的折旧或摊销，借记“投资性房地产累计折旧(摊销)”科目，贷记“累计折旧”或“累计摊销”科目；原已计提减值准备的，借记“投资性房地产减值准备”科目，贷记“固定资产减值准备”或“无形资产减值准备”科目。

【例 1.8】 2009 年 11 月末，甲公司将出租在外的厂房收回，2009 年 12 月 1 日开始用于本企业公司的商品生产，该厂房相应地由投资性房地产转换为自用房地产。该项房地产在转换前采用成本模式计量，截至 11 月 30 日，账面价值为 2 965 万元，其中，原价 4 000 万元，累计已计提折旧 1 035 万元。

甲公司 2009 年 12 月 1 日的账务处理如下：

借：固定资产	40 000 000
投资性房地产累计折旧(摊销)	10 350 000

贷:投资性房地产　　40 000 000
　累计折旧　　10 350 000

2)作为存货的房地产转换为采用成本模式计量的投资性房地产

企业将作为存货的房地产转换为采用成本模式计量的投资性房地产,应当按该项存货在转换日的账面价值,借记"投资性房地产"科目;原已计提跌价准备的,借记"存货跌价准备"科目;按其账面余额,贷记"开发产品"等科目。

【例1.9】 甲公司是从事房地产开发业务的企业,2009年11月10日,甲公司与乙公司签订租赁协议,将其开发的一栋写字楼整体出租给乙公司使用,租赁期开始日为2009年12月15日。2009年12月15日,该写字楼的账面余额为45 000万元,未计提存货跌价准备,转换后采用成本模式计量。

甲公司2009年12月15日的账务处理如下:

借:投资性房地产　　450 000 000
　贷:开发产品　　450 000 000

3)自用房地产转换为采用成本模式计量的投资性房地产

企业将自用土地使用权或建筑物转换为采用成本模式计量的投资性房地产,应当按该项土地使用权或建筑物在转换日的原价、累计折旧、减值准备等,分别转入"投资性房地产"、"投资性房地产累计折旧(摊销)"、"投资性房地产减值准备"科目。按其账面余额,借记"投资性房地产"科目,贷记"无形资产"或"固定资产"科目;按已计提的折旧或摊销,借记"累计摊销"或"累计折旧"科目,贷记"投资性房地产累计折旧(摊销)"科目;原已计提减值准备的,借记"固定资产减值准备"或"无形资产减值准备"科目,贷记"投资性房地产减值准备"科目。

【例1.10】 甲公司拥有一栋办公楼,用于本企业总部办公。2009年11月10日,甲公司与乙公司签订了经营租赁协议,将这栋办公楼整体出租给乙公司使用,租赁期开始日为2009年12月15日,为期5年。2009年12月15日,这栋办公楼的账面余额为45 000万元,已计提折旧300万元。假设甲公司所在城市没有活跃的房地产交易市场。

甲公司2009年12月15日的账务处理如下:

借:投资性房地产　　450 000 000
　累计折旧　　3 000 000
　贷:固定资产　　450 000 000
　　投资性房地产累计折旧(摊销)　　3 000 000

2. 公允价值模式下的转换

1)采用公允价值模式计量的投资性房地产转换为自用房地产

企业将采用公允价值模式计量的投资性房地产转换为自用房地产,应当以该项房地产在转换日的公允价值作为自用房地产的账面价值,公允价值与原账面价值的差额计入当期损益。转换日,按该项投资性房地产的公允价值,借记"固定资产"或

"无形资产"科目;按该项投资性房地产的成本,贷记"投资性房地产——成本"科目;按该项投资性房地产的累计公允价值变动,贷记或借记"投资性房地产——公允价值变动"科目;按其差额,贷记或借记"公允价值变动损益"科目。

试试看,你能行:

2009 年 10 月 15 日,甲公司因租赁期满,将出租的写字楼收回,准备作为办公楼用于本企业的行政管理。2009 年 12 月 1 日,该写字楼正式开始自用,相应地由投资性房地产转换为自用房地产,当日的公允价值为 4 800 万元。该项房地产在转换前采用公允价值模式计量,原账面价值为 4 750 万元,其中,成本为 4 500 万元,公允价值变动增值为 250 万元。

如果你是公司的会计人员,你能为该公司作出相关的会计处理吗?试试吧。

2)作为存货的房地产转换为采用公允价值模式计量的投资性房地产

企业将作为存货的房地产转换为采用公允价值模式计量的投资性房地产,应当按该项房地产在转换日的公允价值入账,借记"投资性房地产——成本"科目,原已计提跌价准备的,借记"存货跌价准备"科目;按其账面余额,贷记"开发产品"等科目。同时,转换日的公允价值小于账面价值的,按其差额,借记"公允价值变动损益"科目;转换日的公允价值大于账面价值的,按其差额,贷记"资本公积——其他资本公积"科目。

【例 1.11】 2009 年 6 月 10 日,甲房地产开发公司与乙公司签订了租赁协议,将其开发的一栋写字楼出租给乙公司。租赁期开始日为 2009 年 6 月 15 日。2009 年 6 月 15 日,该栋写字楼的账面余额为 45 000 万元,公允价值为 47 000 万元。2009 年 12 月 31 日,该项投资性房地产的公允价值为 48 000 万元。

甲公司的账务处理如下。

(1)2009 年 6 月 15 日的会计分录。

借:投资性房地产——成本	470 000 000	
贷:开发产品		450 000 000
资本公积——其他资本公积		20 000 000

(2)2009 年 12 月 31 日的会计分录。

借:投资性房地产——公允价值变动	10 000 000	
贷:公允价值变动损益		10 000 000

3)自用房地产转换为采用公允价值模式计量的投资性房地产

企业将自用房地产转换为采用公允价值模式计量的投资性房地产,应当按该项土地使用权或建筑物在转换日的公允价值,借记"投资性房地产——成本"科目;按已计提的累计摊销或累计折旧,借记"累计摊销"或"累计折旧"科目;原已计提减值准备的,借记"无形资产减值准备"、"固定资产减值准备"科目;按其账面余额,贷记"固定资产"或"无形资产"科目。同时,转换日的公允价值小于账面价值的,按其差额,借记“公允价值变动损益”科目;转换日的公允价值大于账面价值的,按其差额,贷记“资本公积——其他资本公积”科目。

【例1.12】 2009年6月,甲公司打算搬迁至新建办公楼,由于原办公楼处于商业繁华地段,甲公司准备将其出租,以赚取租金。2009年10月,甲公司完成了搬迁工作,原办公楼停止自用。2009年12月,甲公司与乙公司签订了租赁协议,将其原办公楼租赁给乙公司使用,租赁开始日为2010年1月1日,租赁期为3年。2010年1月1日,该办公楼原价为5亿元,已计提折旧14 250万元,公允价值为35 000万元。甲公司采用公允价值模式计量。

甲公司的账务处理如下:

借:投资性房地产——成本　　350 000 000
　公允价值变动损益　　7 500 000
　累计折旧　　142 500 000
　贷:固定资产　　500 000 000

1.3.2 投资性房地产的处置

当投资性房地产被处置,或者永久退出使用且预计不能从其处置中取得经济利益时,应当终止确认该项投资性房地产。

企业出售、转让、报废投资性房地产或者发生投资性房地产毁损,应当将处置收入扣除其账面价值和相关税费后的金额计入当期损益(将实际收到的处置收入记入“其他业务收入”,所处置投资性房地产的账面价值记入“其他业务成本”)。

1.3.2.1 采用成本模式计量的投资性房地产的处置

企业出售、转让按成本模式进行后续计量的投资性房地产,应当按实际收到的金额,借记“银行存款”等科目,贷记“其他业务收入”科目;按该项投资性房地产的账面价值,借记“其他业务成本”科目;按其账面余额,贷记“投资性房地产”科目;按照已计提的折旧或摊销,借记“投资性房地产累计折旧(摊销)”科目;原已计提减值准备的,借记“投资性房地产减值准备”科目。

【例1.13】 甲公司为了满足市场需求、扩大再生产,将生产车间从市中心搬迁到郊区。2007年3月,管理层决定,将原厂区陈旧厂房拆除平整,以备土地增值后转让。土地使用权的账面余额为3 000万元,已计提摊销900万元,剩余使用年限40年,按照直线法摊销,不考虑残值。2010年3月,甲公司将原厂区出售,取得转让收入4 000万元。假设不考虑相关税费。

甲企业的账务处理如下。

(1)转换日的会计分录。

借:投资性房地产——已出租土地使用权　　30 000 000
　累计摊销　　9 000 000
　贷:无形资产——土地使用权　　30 000 000
　　投资性房地产累计折旧(摊销)　　9 000 000

(2)计提摊销(假设按年)的会计分录。

借:其他业务成本　　525 000

　贷:投资性房地产累计折旧(摊销)　　525 000

上述会计分录中,年摊销额 =(3 000 - 900) ÷ 40 = 52.5(万元)。

(3)出售时的会计分录。

借:银行存款　　40 000 000

　贷:其他业务收入　　40 000 000

借:其他业务成本　　19 425 000

　投资性房地产累计折旧(摊销)　　10 575 000

　贷:投资性房地产——已出租土地使用权　　30 000 000

上述会计分录中,累计摊销额 = 900 + 52.5 × 3 = 1 057.50(万元),摊余成本 = 3 000 - 1 057.50 = 1 942.50(万元)。

试试看,你能行:

甲公司将其出租的一栋写字楼确认为投资性房地产,采用成本模式计量。租赁期届满后,甲公司将该栋写字楼出售给乙公司,合同价款为 40 000 万元,乙公司已用银行存款付清。出售时,该栋写字楼的成本为 38 000 万元,已计提折旧 5 000 万元。

如果你是公司的会计人员,你能为该公司作出相关的会计处理吗?试试吧。

1.3.2.2 采用公允价值模式计量的投资性房地产的处置

企业出售、转让采用公允价值模式计量的投资性房地产,应当按实际收到的金额,借记“银行存款”等科目,贷记“其他业务收入”科目;按该项投资性房地产的账面余额,借记“其他业务成本”科目;按其成本,贷记“投资性房地产——成本”科目;按其累计公允价值变动,贷记或借记“投资性房地产——公允价值变动”科目。同时,将投资性房地产累计公允价值变动转入其他业务收入,借记或贷记“公允价值变动损益”科目,贷记或借记“其他业务收入”科目。若存在原转换日计入资本公积的金额,则也需一并转入其他业务收入,借记“资本公积——其他资本公积”科目,贷记“其他业务收入”科目。

【例 1.14】 甲为一家房地产开发公司,2009 年 4 月 10 日,甲公司与乙公司签订了租赁协议,将其开发的一栋写字楼出租给乙公司使用,租赁期开始日为 2009 年 4 月 15 日。2009 年 4 月 15 日,该写字楼的账面余额 45 000 万元,公允价值为 47 000 万元。2009 年 12 月 31 日,该项投资性房地产的公允价值为 48 000 万元。2010 年 6 月租赁期届满,公司收回该项投资性房地产,并以 55 000 万元出售,出售款项已收讫。甲公司采用公允价值模式计量。

甲公司的账务处理如下。

(1)2009 年 4 月 15 日,存货转换为投资性房地产。

借:投资性房地产——成本　　470 000 000
　贷:开发产品　　450 000 000
　　资本公积——其他资本公积　　20 000 000

(2)2009 年 12 月 31 日,公允价值变动。

借:投资性房地产——公允价值变动　　10 000 000
　贷:公允价值变动损益　　10 000 000

(3)2010 年 6 月,出售投资性房地产。

借:银行存款　　550 000 000
　贷:其他业务收入　　550 000 000

借:其他业务成本　　480 000 000
　贷:投资性房地产——成本　　470 000 000
　　　　——公允价值变动　　10 000 000

同时,将投资性房地产累计公允价值变动转入其他业务收入。

借:公允价值变动损益　　10 000 000
　贷:其他业务收入　　10 000 000

同时,将转换时原计入资本公积的部分转入其他业务收入。

借:资本公积——其他资本公积　　20 000 000
　贷:其他业务收入　　20 000 000

知识链接

1. 本章主要介绍了投资性房地产的初始计量、后续计量(成本模式和公允价值模式)和处置,与固定资产、无形资产的核算思路是一致的,投资性房地产的转换、计量模式的变更、公允价值模式的计量等问题属于新内容,比较重要。

2. 根据《企业会计准则——基本准则》第二十二条的规定,符合资产定义和资产确认条件的项目,应当列入资产负债表。因此,本章介绍的投资性房地产应当在资产负债表“非流动资产”类别下单列“投资性房地产”项目反映(详见《初级企业财务会计》第 12.2 节表 12.5)。该项目在资产负债表中的填列方法,详见《初级企业财务会计》第 12.2 节中介绍的“资产项目的填列说明”。

3. 根据企业会计准则的要求,企业应当在财务报表附注中披露下列内容:①采用成本模式进行后续计量的投资性房地产,应当按照不同项目披露其年初和年末账面余额、本期增加和减少发生额;②采用公允价值模式进行后续计量的投资性房地产,应当披露其公允价值的确定依据及公允价值金额的增减变动情况;③如有房地产转换的,应当说明房地产转换的原因及影响。

4. 学习本章内容,可以阅读和参考《企业会计准则第 3 号——投资性房地产》及其应用指南、《企业会计准则讲解(2008)》第三章“投资性房地产”、《企业会计准则——应用指南》中的“会计科目和主要账务处理”等内容。

2

非货币性资产交换

学习要求

(1)掌握非货币性资产交换的认定。

(2)掌握以公允价值计量的非货币性资产交换的会计处理。

(3)掌握以换出资产账面价值计量的非货币性资产交换的会计处理。

(4)熟悉涉及多项非货币性资产交换的会计处理。

(5)理解非货币性资产交换的确认和计量原则。

(6)了解非货币性资产交换具有商业实质的判断。

能力目标

根据本章内容,需要掌握下列专业技能:

(1)能够正确计算和认定资产交换是否为非货币性资产交换;

(2)能够正确填制和审核与非货币性资产交换有关的原始凭证;

(3)能够根据有关原始凭证,准确填制记账凭证;

(4)能够根据凭证记录,正确登记涉及交换的各类总账及其明细账。

学习指导

实务工作中,交易双方通过非货币性资产交换,一方面可以满足各自生产经营的需要,同时可在一定程度上减少货币性资产的流出。非货币性资产交换不涉及或只涉及少量的货币性资产,因此,换入资产成本的计量基础以及换出资产损益的确定与以货币性资产取得非货币性资产不同,需要运用不同的计量基础和判断标准。

进行会计处理的第一步是正确计算和认定某项资产交换是否为非货币性资产交换。非货币性资产交换对换入资产成本的确定有两种计量基础,即公允价值和账面价值,以公允价值计量时需要确认损益,以账面价值计量时不确认损益。学习本章内容时,要根据非货币性资产交换的确认和计量原则,认真研读例题,加强课后练习,这样,你会发现学习本章内容并不困难。

2.1 非货币性资产交换概述

2.1.1 非货币性资产交换的认定

非货币性资产交换,是指交易双方主要以存货、固定资产、无形资产和长期股权投资等非货币性资产进行的交换。货币性资产,是指企业持有的货币资金和将以固定或可确定的金额收取的资产,包括现金、银行存款、应收账款和应收票据以及准备持有至到期的债券投资等。非货币性资产,是指货币性资产以外的资产,包括存货、固定资产、无形资产、长期股权投资、不准备持有至到期的债券投资等。资产负债表列示的项目中属于非货币性资产的项目通常包括:存货、长期股权投资、投资性房地产、固定资产、在建工程、工程物资、无形资产等。

非货币性资产交换一般不涉及货币性资产,或只涉及少量的货币性资产即补价。认定涉及少量货币性资产的交换为非货币性资产交换,通常以补价占整个资产交换金额的比例低于25%作为参考比例。也就是说,支付的货币性资产占换入资产公允价值(或换出资产公允价值与支付的货币性资产之和)的比例,或者收到的货币性资产占换出资产公允价值(或换入资产公允价值和收到的货币性资产之和)的比例低于25%的,视为非货币性资产交换;高于25%(含25%)的,视为货币性资产交换,适用《企业会计准则第14号——收入》等相关准则的规定。

【例2.1】 甲公司以一台闲置的机器换取乙公司一辆小汽车。该机器的账面价值为20万元,公允价值为13万元;小汽车的账面价值为21万元,公允价值为16万元。甲公司支付了补价3万元。则补价所占比重计算如下:

甲公司支付的补价所占比重 = 补价 ÷(换出资产的公允价值 + 支付的补价)

$$= 3 \div (13 + 3) = 18.75\%$$

乙公司收到的补价所占比重 = 补价 ÷ 换出资产的公允价值

= 3 ÷ 16 = 18.75%

计算结果表明，本例中涉及少量货币性资产的交换比例低于 25%，应当认定为非货币性资产交换。

试试看，你能行：

丙公司以一条闲置的生产线换取丁公司一辆卡车。该生产线的账面价值为 40 万元，公允价值为 35 万元；卡车的账面价值为 40 万元，公允价值为 45 万元。丙公司支付了补价 10 万元。

判断该项涉及少量货币性资产的交换是否为非货币性资产交换？请说出你的理由。

2.1.2 非货币性资产交换的确认和计量原则

非货币性资产交换准则规定了换入资产成本的计量基础和交换所产生损益的确认原则。

2.1.2.1 公允价值

非货币性资产交换同时满足下列两个条件的，应当以公允价值和应支付的相关税费作为换入资产的成本，公允价值与换出资产账面价值的差额计入当期损益：①该项交换具有商业实质；②换入资产或换出资产的公允价值能够可靠计量。

符合下列情形之一的，表明换入资产或换出资产的公允价值能够可靠计量：①换入资产或换出资产存在活跃市场；②换入资产或换出资产不存在活跃市场，但同类或类似资产存在活跃市场；③换入资产或换出资产不存在同类或类似资产的可比市场交易，应当采用估值技术确定其公允价值，该公允价值估计数的变动区间很小，或者在公允价值估计数变动区间内，各种用于确定公允价值估计数的概率能够合理确定的，视为公允价值能够可靠计量。

换入资产和换出资产公允价值均能够可靠计量的，应当优先考虑以换出资产公允价值为基础确定换入资产的成本。如果有确凿证据表明换入资产的公允价值更加可靠的，应当以换入资产公允价值为基础确定换入资产的成本，这种情况多发生在非货币性资产交换存在补价的情况。

2.1.2.2 账面价值

不具有商业实质或交换涉及资产的公允价值均不能可靠计量的非货币性资产交换，应当以换出资产的账面价值和应支付的相关税费作为换入资产的成本，无论是否支付补价，均不确认损益；收到或支付的补价作为确定换入资产成本的调整因素。其中，收到补价方应当以换出资产的账面价值减去补价作为换入资产的成本；支付补价方应当以换出资产的账面价值加上补价作为换入资产的成本。

2.1.3 商业实质的判断

非货币性资产交换具有商业实质，是换入资产能够采用公允价值计量的重要条件之一。只有当换出资产和换入资产预计未来现金流量或其现值两者之间的差额较大时，才能表明交易的发生使企业经济状况发生了明显改变，非货币性资产交换因而具有商业实质。

2.1.3.1 判断条件

企业发生的非货币性资产交换，符合下列条件之一的，视为具有商业实质。

1. 换入资产的未来现金流量在风险、时间和金额方面与换出资产显著不同

换入资产的未来现金流量在风险、时间和金额方面与换出资产显著不同，通常包括但不仅限于以下几种情况。

(1)未来现金流量的风险、金额相同，时间不同。此种情形是指换入资产和换出资产产生的未来现金流量总额相同，获得这些现金流量的风险相同，但现金流量流入企业的时间明显不同。例如，某企业以一批存货换入一项设备，因存货流动性强，能够在较短时间内产生现金流量，设备作为固定资产在较长的时间内为企业带来现金流量，两者产生现金流量的时间相差较大，则上述存货与固定资产的未来现金流量显著不同，因而该两项资产的交换具有商业实质。

(2)未来现金流量的时间、金额相同，风险不同。此种情形是指换入资产和换出资产产生的未来现金流量时间和金额相同，但企业获得现金流量的不确定性程度存在明显差异。例如，某企业以其不准备持有至到期的国库券换入一栋房屋以备出租，该企业预计未来每年收到的国库券利息与房屋租金在金额和流入时间上相同，但是国库券利息通常风险很小，而房屋租金的取得则需要依赖于承租人的财务及信用情况等，两者现金流量流入的风险或不确定性程度存在明显差异，则上述国库券与房屋的未来现金流量显著不同，因而该两项资产的交换具有商业实质。

(3)未来现金流量的风险、时间相同，金额不同。此种情形是指换入资产和换出资产产生的未来现金流量总额相同，预计为企业带来现金流量的时间跨度相同，风险也相同，但各年产生的现金流量金额存在明显差异。例如，某企业以一项商标权换入另一企业的一项专利技术，预计两项无形资产的使用寿命相同，在使用寿命内预计为企业带来的现金流量总额相同，但是换入的专利技术是新开发的，预计开始阶段产生的未来现金流量明显少于后期，而该企业拥有的商标每年产生的现金流量比较均衡，两者产生的现金流量金额差异明显，则上述商标权与专利技术的未来现金流量显著不同，因而该两项资产的交换具有商业实质。

2. 换入资产与换出资产的预计未来现金流量现值不同，且其差额与换入资产和换出资产的公允价值相比是重大的

这种情况是指换入资产对换入企业的特定价值(即预计未来现金流量现值)与换出资产存在明显差异。本章所指的资产预计未来现金流量现值，应当按照资产在持续使用过程和最终处置时预计产生的税后未来现金流量现值，根据企业自身而不

是市场参与者对资产特定风险的评价，选择恰当的折现率对预计未来现金流量折现后的金额加以确定。

例如，某企业以一项专利权换入另一企业拥有的长期股权投资。假定从市场参与者来看，该项专利权与该项长期股权投资的公允价值相同，两项资产未来现金流量的风险、时间和金额亦相同。但是，对换入企业来讲，换入该项长期股权投资使该企业对被投资方由重大影响变为控制关系，从而对换入企业产生的预计未来现金流量现值与换出的专利权有较大差异；另一企业换入的专利权能够解决生产中的技术难题，从而对换入企业产生的预计未来现金流量现值与换出的长期股权投资有明显差异，因此该两项资产的交换具有商业实质。

2.1.3.2 关联方之间交换资产与商业实质的关系

在确定非货币性资产交换是否具有商业实质时，企业应当关注交易各方之间是否存在关联方关系。关联方关系的存在可能导致发生的非货币性资产交换不具有商业实质。

2.2 非货币性资产交换的会计处理

2.2.1 以公允价值计量的会计处理

非货币性资产交换具有商业实质，且换入资产和换出资产的公允价值能够可靠计量的，应当以换出资产的公允价值和应支付的相关税费作为换入资产的成本，除非有确凿证据表明换入资产的公允价值比换出资产的公允价值更加可靠。换出资产公允价值与换出资产账面价值的差额计入当期损益。

换出资产的公允价值与其账面价值的差额，应当分情况处理。

(1)换出资产为存货的，应当视同销售处理，根据《企业会计准则第14号——收入》按照公允价值确认销售收入，同时结转销售成本，相当于按照公允价值确认的收入和按账面价值结转的成本之间的差额，也即换出资产公允价值和换出资产账面价值的差额，在利润表中作为营业利润的构成部分予以列示。

(2)换出资产为固定资产、无形资产的，换出资产公允价值和换出资产账面价值的差额，计入营业外收入或营业外支出。

(3)换出资产为长期股权投资、可供出售金融资产的，换出资产公允价值和换出资产账面价值的差额，计入投资收益。

1. 不涉及补价的会计处理

【例2.2】 A公司决定以账面成本为9 000元、公允价值为10 000元的库存甲产品，换入B公司账面成本为11 000元、公允价值为10 000元的乙材料，A公司支付运杂费300元，B公司支付运杂费200元。A公司换入乙材料用于生产产品，B公司换入甲产品用于销售。A、B两公司均未对存货计提跌价准备，增值税税率均为17%。假设双方交换具有商业实质，且甲产品、乙材料的公允价值能够可靠计量。

(1)A 公司的账务处理如下：

借：原材料——乙材料　　(10 000+300)　　10 300
　　应交税费——应交增值税(进项税额)　　1 700
　　贷：主营业务收入——甲产品　　10 000
　　　　应交税费——应交增值税(销项税额)　　1 700
　　　　银行存款　　300

借：主营业务成本　　9 000
　　贷：库存商品　　9 000

(2)B 公司的账务处理如下：

借：库存商品——甲产品　　(10 000+200)　　10 200
　　应交税费——应交增值税(进项税额)　　1 700
　　贷：其他业务收入——乙材料　　10 000
　　　　应交税费——应交增值税(销项税额)　　1 700
　　　　银行存款　　200

借：其他业务成本　　11 000
　　贷：原材料——乙材料　　11 000

试试看，你能行：

C 公司决定以账面成本为 5 000 元、公允价值为 4 000 元的库存商品丙产品，换入 D 公司账面成本为 5 500 元、公允价值为 4 000 元的丁材料，C 公司换入丁材料用于生产产品，D 公司换入丙产品用于销售。D 公司为丁材料计提了存货跌价准备 800 元，增值税税率均为 17%。假设双方交换具有商业实质，且丙产品、丁材料的公允价值能够可靠计量。

你能作出 C 公司和 D 公司的会计处理吗？试试吧。

【例 2.3】　2009 年 12 月，甲电视机公司以其持有的对 A 公司的长期股权投资交换乙电视机公司拥有的一项液晶电视屏专利技术。交换日，甲公司持有的长期股权投资账面余额为 800 万元，已计提减值准备 60 万元，公允价值为 600 万元；乙公司拥有的专利技术账面原价为 800 万元，累计已摊销金额为 160 万元，已计提减值准备 30 万元，公允价值为 600 万元。假设整个交易过程中没有发生其他相关税费，该两项资产的交换具有商业实质，同时两项资产的公允价值都能够可靠计量，符合以公允价值计量的条件。

(1)甲公司的账务处理如下：

借：无形资产——专利权　　6 000 000
　　长期股权投资减值准备　　600 000
　　投资收益　　1 400 000
　　贷：长期股权投资　　8 000 000

(2)乙公司的账务处理如下:

借:长期股权投资 6 000 000
　累计摊销 1 600 000
　无形资产减值准备 300 000
　营业外支出 100 000
　贷:无形资产——专利权 8 000 000

2. 涉及补价的会计处理

在以公允价值确定换入资产成本的情况下,发生补价的,支付补价方和收到补价方应当分情况处理。

(1)支付补价方:应当以换出资产的公允价值加上支付的补价(即换入资产的公允价值)加上应支付的相关税费,作为换入资产的成本;换入资产成本与换出资产账面价值加支付的补价、应支付的相关税费之和的差额,应当计入当期损益。

(2)收到补价方:应当以换入资产的公允价值(或换出资产的公允价值减去补价)和应支付的相关税费,作为换入资产的成本;换入资产成本加收到的补价之和与换出资产账面价值加应支付的相关税费之和的差额,应当计入当期损益。

【例 2.4】 A 公司以一辆小汽车换入 B 公司一辆小型中巴。A 公司小汽车原值 30 万元,已计提折旧 11 万元,公允价值为 18 万元;B 公司中巴车原值 42 万元,已计提折旧 17 万元,公允价值为 20 万元;A 公司向 B 公司支付了补价 2 万元,不考虑相关税费。假设该两项资产的交换具有商业实质,同时两项资产的公允价值都能够可靠计量,符合以公允价值计量的条件。

(1)A 公司的账务处理如下:

借:固定资产清理 190 000
　累计折旧 110 000
　贷:固定资产 300 000
借:固定资产——小型中巴 200 000
　营业外支出 10 000
　贷:固定资产清理 190 000
　　银行存款 20 000

(2)B 公司的账务处理如下:

借:固定资产清理 250 000
　累计折旧 170 000
　贷:固定资产 420 000
借:固定资产——小汽车 180 000
　银行存款 20 000
　营业外支出 50 000
　贷:固定资产清理 250 000

试试看，你能行：

甲公司以一台闲置的机器换入乙公司一台机床。甲公司机器原值 40 万元，已计提折旧 21 万元，公允价值为 16 万元；乙公司机床原值 52 万元，已计提折旧 27 万元，公允价值为 18 万元；甲公司向乙公司支付了补价 2 万元，不考虑相关税费。假设该两项资产的交换具有商业实质，同时两项资产的公允价值都能够可靠计量，符合以公允价值计量的条件。

你能为甲公司和乙公司作出相关会计处理吗？试试吧。

【例 2.5】 甲公司以一台设备换入乙公司的 4 辆汽车。甲公司换出设备的账面原值为 130 万元，已计提折旧 50 万元，公允价值为 70 万元；换入汽车的账面原值为 100 万元，已计提折旧 15 万元，公允价值为 80 万元。在交换中甲公司补付乙公司货币资金 10 万元。假设不考虑相关税费，并假定该交换具有商业实质，公允价值能可靠计量。

(1)甲公司(支付补价方)的账务处理如下。

判断是否属于非货币性交易：

补价所占比重 = 补价 ÷ (换出资产公允价值 + 支付的补价)

= 10 ÷ (70 + 10) = 12.5% < 25%

属于非货币性资产交易。

换入资产的入账价值 = 换出资产的公允价值 + 支付的补价 + 应支付的相关税费 = 70 + 10 = 80(万元)；

应确认的损益 = 换入资产入账价值 − (换出资产账面价值 + 支付的补价 + 应支付的相关税费) = 80 − (80 + 10 + 0) = −10(万元)。

借：固定资产清理	800 000	
累计折旧	500 000	
贷：固定资产——设备		1 300 000
借：固定资产——汽车	800 000	
营业外支出	100 000	
贷：固定资产清理		800 000
银行存款		100 000

(2)乙公司(收到补价方)的账务处理如下。

判断是否属于非货币性交易：

补价所占比重 = 补价 ÷ 换出资产公允价值 = 10 ÷ 80 = 12.5% < 25%

属于非货币性资产交易。

换入资产的入账价值 = 换出资产的公允价值 + 应支付的相关税费 − 补价 = 80 + 0 − 10 = 70(万元)；

应确认的损益 = 换入资产入账价值 + 收到的补价 − (换出资产账面价值 + 应支

付的相关税费）=70+10-(85+0)=-5(万元)。

借:固定资产清理	850 000	
累计折旧	150 000	
贷:固定资产——汽车		1 000 000
借:固定资产——设备	700 000	
银行存款	100 000	
营业外支出	50 000	
贷:固定资产清理		850 000

试试看,你能行:

丙公司以一辆汽车换入丁公司的一条闲置生产线。丙公司换出汽车的账面原值为150万元,已计提折旧70万元,公允价值为75万元;换入生产线的账面原值为120万元,已计提折旧35万元,公允价值为85万元。在交换中丙公司补付丁公司货币资金10万元。假设不考虑相关税费,并假定该交换具有商业实质,公允价值能够可靠计量。

你能为两家公司作出相关的会计处理吗?试试吧。

2.2.2 以换出资产账面价值计量的会计处理

非货币性资产交换不具有商业实质,或者虽然具有商业实质但换入资产和换出资产的公允价值均不能可靠计量的,应当以换出资产的账面价值为基础确定换入资产的成本,无论是否支付补价,均不确认损益。

在以换出资产账面价值为基础确定换入资产成本的情况下,发生补价的,应分别处理。

(1)支付补价方:应当以换出资产的账面价值加上支付的补价和应支付的相关税费,作为换入资产的入账价值,不确认损益。

(2)收到补价方:应当以换出资产的账面价值减去收到的补价再加上应支付的相关税费,作为换入资产的入账价值,不确认损益。

【例2.6】 甲公司以不用的仓库换入乙公司的一台设备。甲公司换出仓库的账面原值为380万元,已计提折旧50万元;乙公司换出设备的账面原值为450万元,已计提折旧80万元。在交换中甲公司补付乙公司货币资金10万元。甲公司换入的设备用于生产产品,乙公司换入的仓库用于存储原材料。假设双方都未对固定资产计提减值准备,不考虑相关税费,并假定该交换不具有商业实质。

本例中甲公司以不用的仓库换入乙公司的一台设备,该交换不具有商业实质,因此只能按照账面价值计量;同时,在这项交易中涉及少量的货币资金,即甲公司补付乙公司货币资金10万元。甲公司换入设备的入账价值=380-50+10=340(万元);乙公司换入仓库的入账价值=450-80-10=360(万元)。

(1)甲公司(支付补价方)的账务处理如下:

借:固定资产清理 3 300 000

累计折旧 500 000

贷:固定资产——仓库 3 800 000

借:固定资产——设备 3 400 000

贷:固定资产清理 3 300 000

银行存款 100 000

(2)乙公司(收到补价方)的账务处理如下:

借:固定资产清理 3 700 000

累计折旧 800 000

贷:固定资产——设备 4 500 000

借:固定资产——仓库 3 600 000

银行存款 100 000

贷:固定资产清理 3 700 000

试试看,你能行:

甲公司以一台设备换入乙公司的一辆汽车。甲公司换出设备的账面原值为150万元,已计提折旧70万元;乙公司换出汽车的账面原值为120万元,已计提折旧35万元。在交换中甲公司补付乙公司货币资金10万元。甲公司换入的汽车用于运输,乙公司换入的设备用于生产产品。假设双方都未对固定资产计提减值准备,不考虑相关税费,并假定该交换不具有商业实质。

你能为甲公司和乙公司作出相关的会计处理吗?试试吧。

2.2.3 涉及多项非货币性资产交换的会计处理

非货币性资产交换涉及多项资产的情况包括:企业以一项非货币性资产换入另一企业的多项非货币性资产;或同时以多项非货币性资产换入另一企业的一项非货币性资产;或以多项非货币性资产同时换入另一企业的多项非货币性资产,也可能涉及补价。

涉及多项资产的非货币性资产交换一般可以分为以下几种情况。

(1)资产交换具有商业实质,且各项换出资产和各项换入资产的公允价值均能够可靠计量。在这种情况下,换入资产的总成本应当以换出资产的公允价值总额为基础确定,除非有确凿证据表明换入资产的公允价值总额更可靠。各项换入资产的成本,应当按照各项换入资产的公允价值占换入资产公允价值总额的比例,对换入资产总成本进行分配,确定各项换入资产的成本。

(2)资产交换具有商业实质,且换入资产的公允价值能够可靠计量,但换出资产的公允价值不能够可靠计量。在这种情况下,换入资产的总成本应当以换入资产的公允价值总额为基础确定。各项换入资产的成本,应当按照各项换入资产的公允价值占换入资产公允价值总额的比例,对换入资产总成本进行分配,确定各项换入资产的成本。

(3)资产交换具有商业实质,换出资产的公允价值能够可靠计量,但换入资产的公允价值不能够可靠计量。在这种情况下,换入资产的总成本应当以换出资产的公允价值总额为基础确定。各项换入资产的成本,应当按照各项换入资产的原账面价值占换入资产原账面价值总额的比例,对按照换出资产公允价值总额确定的换入资产总成本进行分配,确定各项换入资产的成本。

(4)资产交换不具有商业实质,或换入资产和换出资产的公允价值均不能可靠计量。在这种情况下,换入资产的总成本应当以换出资产账面价值总额为基础确定。各项换入资产的成本,应当按照各项换入资产的原账面价值占换入资产的账面价值总额的比例,对按照换出资产账面价值总额确定的换入资产总成本进行分配,确定各项换入资产的成本。

上述第(1)、(2)、(3)种情况,换入资产总成本都是按照公允价值计量的,但各单项换入资产成本的确定,视各单项换入资产的公允价值能否可靠计量而分别处理;第(4)种情况不符合公允价值计量的条件,换入资产总成本按照换出资产账面价值总额确定,各单项换入资产成本的确定,按照各单项换入资产的原账面价值占换入资产账面价值总额的比例确定。

2.2.3.1 以公允价值计量的会计处理

【例2.7】 甲公司和乙公司均为增值税一般纳税人,适用的增值税税率均为17%。2009年8月,为适应业务发展的需要,经协商,甲公司决定以生产经营过程中使用的厂房、设备以及库存商品换入乙公司生产经营过程中使用的办公楼、小汽车、客运汽车。甲公司厂房的账面原价为1 500万元,在交换日的累计折旧为300万元,公允价值为1 000万元;设备的账面原价为600万元,在交换日的累计折旧为480万元,公允价值为100万元;库存商品的账面余额为300万元,不含增值税的市场价格为350万元,市场价格等于计税价格,其包含增值税的公允价值为409.5万元。乙公司办公楼的账面原价为2 000万元,在交换日的累计折旧为1 000万元,公允价值为1 100万元;小汽车的账面原价为300万元,在交换日的累计折旧为190万元,公允价值为159.5万元;客运汽车的账面原价为300万元,在交换日的累计折旧为180万元,公允价值为150万元。乙公司另外向甲公司支付银行存款100万元。

假定甲公司和乙公司都没有为换出资产计提减值准备;整个交易过程中没有发生除增值税以外的其他相关税费;甲公司换入乙公司的办公楼、小汽车、客运汽车均作为固定资产使用和管理;乙公司换入甲公司的厂房、设备作为固定资产使用和管理,换入的库存商品作为原材料使用和管理。甲公司开具了增值税专用发票。

分析:本例涉及收付货币性资产,应当计算收到的货币性资产占换出资产公允价值总额的比例(即支付的货币性资产占换出资产公允价值与支付的补价之和的比例),即:

100 ÷ (1 000 + 100 + 409.5) = 6.62% < 25%

可以认定这一涉及多项资产交换的交换行为属于非货币性资产交换。对于甲公司而言,为了拓展运输业务,需要小汽车、客运汽车等;乙公司为了扩大产品生产,需要厂房、设备和原材料。换入资产对换入企业均能发挥更大的作用,该项涉及多项资产的非货币性资产交换具有商业实质;同时,各项换入资产和换出资产的公允价值均能可靠计量。因此,甲、乙公司均应当以公允价值为基础确定换入资产的总成本,确认产生的相关损益。同时,按照各单项换入资产的公允价值占换入资产公允价值总额的比例,确定各单项换入资产的成本。

(1)计算确定各单项换入资产的成本,如表2.1所示。

表2.1 甲、乙公司各单项换入资产成本计算表

单位:万元

公司	换入资产	原价	累计折旧	减值准备	账面价值	公允价值	分配比例(%)	换入资产成本
		①	②	③	④ = ① - ② - ③	⑤	⑥ = ⑤ ÷ Σ⑤	⑦ = Σ⑤ × ⑥
甲	办公楼	2 000	1 000	0	1 000	1 100	78	1 099.41
	小汽车	300	190	0	110	159.50	11.40	160.68
	客运汽车	300	180	0	120	150	10.60	149.41
	小计	2 600	1 370	0	1 230	1 409.50	100	1 409.50
乙	厂房	1 500	300	0	1 200	1 000	66.25	1 000.04
	设备	600	480	0	120	100	6.62	99.96
	库存商品	300	0	0	300	409.50	27.13	409.50
	小计	2 400	780	0	1 620	1 509.50	100	1 509.50

(2)甲公司的账务处理如下:

借:固定资产清理　　13 200 000
　累计折旧　　7 800 000
　贷:固定资产——厂房　　15 000 000
　　　　　——设备　　6 000 000
借:固定资产——办公楼　　10 994 100
　　　　——小汽车　　1 606 800
　　　　——客运汽车　　1 494 100
　银行存款　　1 000 000
　营业外支出　　2 200 000
　贷:固定资产清理　　13 200 000
　　主营业务收入　　3 500 000
　　应交税费——应交增值税(销项税额)　　595 000
借:主营业务成本　　3 000 000
　贷:库存商品　　3 000 000

(3)乙公司的账务处理如下:

借:固定资产清理　　12 300 000

累计折旧 13 700 000

贷:固定资产——办公楼 20 000 000

——小汽车 3 000 000

——客运汽车 3 000 000

借:固定资产——厂房 10 000 400

——设备 999 600

原材料 3 500 000

应交税费——应交增值税(进项税额) 595 000

贷:固定资产清理 12 300 000

银行存款 1 000 000

营业外收入 1 795 000

2.2.3.2 以账面价值计量的会计处理

【例 2.8】 2009 年 8 月,经协商,甲公司将其专有设备连同专利技术与乙公司正在建造过程中的一栋建筑物和对丙公司的长期股权投资进行交换。甲公司换出专有设备的账面原价为 1 200 万元,已计提折旧 750 万元;专利技术账面原价为 450 万元,已摊销金额为 270 万元。乙公司在建工程截止到交换日的成本为 525 万元,对丙公司的长期股权投资账面余额为 150 万元。由于甲公司持有的专有设备和专利技术市场上已不多见,因此公允价值不能可靠计量。乙公司在建工程因完工程度难以合理确定,其公允价值不能可靠计量;由于丙公司不是上市公司,乙公司对丙公司长期股权投资的公允价值也不能可靠计量。假定甲公司、乙公司均未对上述资产计提减值准备。

分析:本例不涉及收付货币性资产,属于非货币性资产交换。由于换入资产、换出资产的公允价值均不能可靠计量,甲、乙公司均应当以换出资产账面价值总额作为换入资产的成本,各项换入资产的成本,应当按各项换入资产的账面价值占换入资产账面价值总额的比例确定,并且不确认损益。

(1)计算确定各单项换入资产的成本,如表 2.2 所示。

表 2.2 甲、乙公司各单项换入资产成本计算表 单位:万元

公司	换入资产	原价	累计折旧(摊销)	减值准备	账面价值	分配比例(%)	换入资产成本
		①	②	③	④=①-②-③	⑤=④÷Σ④	⑥=Σ④×⑤
甲	在建工程	525	0	0	525	77.78	490.01
	长期股权投资	150	0	0	150	22.22	139.99
	小计	675	0	0	675	100	630
乙	专有设备	1 200	750	0	450	71.43	482.15
	专利技术	450	270	0	180	28.57	192.85
	小计	1 650	1 020	0	630	100	675

(2)甲公司的账务处理如下：

借:固定资产清理	4 500 000	
累计折旧	7 500 000	
贷:固定资产——专有设备		12 000 000
借:在建工程	4 900 100	
长期股权投资	1 399 900	
累计摊销	2 700 000	
贷:固定资产清理		4 500 000
无形资产——专利技术		4 500 000

(3)乙公司的账务处理如下：

借:固定资产——专有设备	4 821 500	
无形资产——专利技术	1 928 500	
贷:在建工程		5 250 000
长期股权投资		1 500 000

知识链接

1. 本章主要介绍了非货币性资产交换的认定、确认和计量，学习应关注的主要内容有：①非货币性资产交换的认定；②非货币性资产交换的计量；③非货币性资产交换的会计处理。

2. 企业应当在会计报表附注中披露与非货币性资产交换有关的下列信息：①换入、换出资产的类别；②换入资产成本的确定方式；③换入、换出资产的公允价值以及换出资产的账面价值；④非货币性资产交换确认的损益。

3. 学习本章内容，可以阅读和参考《企业会计准则第7号——非货币性资产交换》及其应用指南、《企业会计准则讲解(2008)》第八章“非货币性资产交换”、《企业会计准则——应用指南》中的“会计科目和主要账务处理”等内容。

3

或有事项

学习要求

(1)掌握预计负债的确认条件。

(2)掌握预计负债的计量原则。

(3)掌握亏损合同和重组业务形成的或有事项的会计处理。

(4)掌握未决诉讼或未决仲裁、债务担保和产品质量保证形成的或有事项的会计处理。

(5)熟悉或有事项的特征及常见的或有事项。

(6)了解或有负债和或有资产的概念。

(7)了解或有事项的概念。

能力目标

随着我国市场经济的发展与经营风险的产生,或有事项作为特殊的不确定事项,已经越来越多地存在于企业的经营活动中,并对企业的财务状况和经营成果产生不可忽视的影响。结合本章内容的学习,作为一名企业会计人员,应当掌握下列专业技能:

(1)能够识别或有事项;

(2)能够区分预计负债的确认条件;

(3)能够对预计负债进行初始和后续计量;

(4)能够把或有事项的会计处理原则应用于具体或有事项处理中。

学习指导

(1)在本章学习过程中,可以结合《企业会计准则第13号——或有事项》及其应用指南。

(2)将本章预计负债的确认和计量与"负债"要素的确认和计量比较学习。

(3)注意或有负债不符合负债确认条件,或有资产也不符合资产确认条件,因而都不能在财务报表内确认。

(4)将本章或有事项的确认和计量与概率论、财务管理以及经济法中的相关内容结合学习。

(5)或有事项的发生,可能会涉及所得税、会计差错更正和资产负债表日后事项等内容,因此,在学习的过程中应该给予一定的关注。

3.1 或有事项概述

3.1.1 或有事项的概念和特征

或有事项,是指过去的交易或者事项形成的,其结果须由某些未来事项的发生或不发生才能决定的不确定事项。常见的或有事项有:未决诉讼或未决仲裁、债务担保、产品质量保证(含产品安全保证)、亏损合同、重组义务、承诺、环境污染整治等。

或有事项具有以下特征。

1. 或有事项是由过去的交易或者事项形成的

或有事项是由过去的交易或者事项形成,是指或有事项的现存状况是过去交易或者事项引起的客观存在。例如,未决诉讼虽是正在进行当中的诉讼,但它是企业因过去的经济行为导致起诉其他单位或被其他单位起诉,这是现存的一种状况,而不是未来将要存在的某种状况。又如,产品质量保证是企业对已售出商品或已提供劳务的质量提供的保证,不是为尚未出售商品或尚未提供劳务的质量提供的保证。

由于或有事项具有因过去的交易或者事项而形成这一特征,未来可能发生的自然灾害、交通事故、经营亏损等事项,都不属于或有事项。

2. 或有事项的结果具有不确定性

或有事项的结果具有不确定性,是指或有事项的结果是否发生具有不确定性,或者或有事项的结果预计将会发生,但发生的具体时间或金额具有不确定性。

首先,或有事项的结果是否发生具有不确定性。例如,为其他单位提供债务担保,对于担保方而言,在债务到期时是否一定承担和履行连带责任,需要根据被担保方能否按时还款决定,其结果在担保协议达成时是不能确定的,担保事项构成其或有事项。

其次,或有事项的结果预计会发生,但发生的具体时间或金额具有不确定性。例如，某企业因排污治理不力对周围环境造成污染而被起诉，如无特殊情况，该企业很可能败诉。但是，在败诉成立时，该企业因败诉将支出多少金额，或者这些支出将在何时发生，可能是难以确定的。

3. 或有事项的结果须由未来事项决定

或有事项的结果由未来事项决定，是指或有事项的结果只能由未来不确定事项的发生或不发生才能决定。或有事项的结果，在或有事项发生时是难以确定的，而这种不确定因素的消失，只能由未来不确定事项的发生或不发生来证实。例如，企业为其他单位提供债务担保，如果被担保方经营情况和财务状况良好且有较好的信用，那么企业将不需要履行该连带责任；如果被担保方不能在债务到期时偿还债务，则企业（担保方）需要履行偿还债务的连带责任。但该担保事项是否真的会要求企业（担保方）履行偿还债务的连带责任，一般只能看被担保方的未来经营情况和偿债能力。

虽然或有事项与不确定性联系在一起，但在会计处理过程中存在不确定性的事项并不都是或有事项，企业应当按照或有事项的定义和特征进行判断。例如，对固定资产计提折旧，虽然涉及对固定资产净残值和使用寿命进行分析和判断，带有一定的不确定性，但固定资产原值是确定的，其价值最终会转移到成本或费用中也是确定的，该事项的结果是确定的，因此，对固定资产计提折旧不属于或有事项。

【例 3.1】 下列各项中，不属于或有事项的是（　　）。

A. 某企业对售出商品提供售后担保　　B. 某公司为其子公司的贷款提供担保

C. 某企业以财产作抵押向银行借款　　D. 某公司被国外企业提起诉讼

正确答案是 C。

本例中，企业以财产作为抵押向银行借款，是以其自己的财产提供贷款担保，不属于为其他单位提供财产担保，因此不属于或有事项。

试试看，你能行：

在上述例 3.1 中，你能分析出选项 A、B、D 所述的事项为什么属于或有事项吗？试试吧。

3.1.2 或有负债和或有资产

3.1.2.1 或有负债

或有负债，是指过去的交易或事项形成的潜在义务，其存在须通过未来不确定事项的发生或不发生予以证实；或过去的交易或事项形成的现时义务，履行该义务不是很可能导致经济利益流出企业或该义务的金额不能可靠地计量。

或有负债涉及两类义务：一类是潜在义务；另一类是现时义务。

1. 潜在义务

潜在义务，是指结果取决于不确定未来事项的可能义务。也就是说，潜在义务最终是否转变为现时义务，由某些未来不确定事项的发生或不发生才能决定。例如，甲公司起诉乙公司,要求乙公司将某项资产归还给甲公司,目前还缺乏进一步的证据。此时,对于乙公司而言,就承担一种有可能归还资产的义务。

2. 现时义务

现时义务,是指企业在现行条件下已经承担的义务。例如,企业将产品销售出去后作出"产品若在三个月之内出现质量问题将免费负责保修"承诺,企业根据以往经验估计会有3%的产品需要保修,这种情况下,金额是可以合理确定的,则企业将产品销售出去后承担的是现时义务。

或有负债作为特殊的现时义务,其特殊之处在于:该现时义务的履行不是很可能导致经济利益流出企业,或者该现时义务的金额不能可靠计量。

(1)"不是很可能导致经济利益流出企业"指的是,该现时义务导致经济利益流出企业的可能性不超过50%(含50%)。企业通常可以结合下列情况判断经济利益流出的可能性:"基本确定"是指发生的可能性大于95%但小于100%;"很可能"是指发生的可能性大于50%但小于或等于95%;"可能"是指发生的可能性大于5%但小于或等于50%;"极小可能"是指发生的可能性大于0但小于或等于5%。

(2)"金额不能可靠计量"指的是,该现时义务导致经济利益流出企业的"金额"难以合理预计。例如,2009年12月25日,某企业全体员工发生食物中毒,而甲公司恰是食物提供者。中毒事件发生后,甲公司得知此事,并承诺负担一切赔偿费用。但直到12月31日,事态还在发展中,赔偿费用难以预计。此时,甲公司承担了现时义务,但义务的金额不能可靠计量。

或有负债无论是潜在义务,还是现时义务均不符合负债的确认条件,因而不能在财务报表内予以确认,但应按相关规定在附注中披露。

3.1.2.2 或有资产

或有资产,是指过去的交易或者事项形成的潜在资产,其存在须通过未来不确定事项的发生或不发生予以证实。

或有资产作为一种潜在资产,其结果具有较大的不确定性,只有随着经济情况的变化,通过某些未来不确定事项的发生或不发生才能证实其是否会形成企业真正的资产。例如,2009年12月25日,甲公司向法院起诉乙公司侵犯了其专利权。至2009年12月31日,法院还没有对诉讼案进行公开审理,甲公司是否胜诉尚难判断。对于甲公司而言,将来可能胜诉而获得的赔偿属于一项或有资产,但这项或有资产是否会转化为真正的资产,要由法院的判决结果确定。如果终审判决结果是甲公司胜诉,那么或有资产便转化为一项基本可以肯定收到的资产;如果终审判决结果是甲公司败诉,那么或有资产便"消失"了,同时还需承担支付诉讼费的义务。

正如或有负债不符合负债确认条件一样,或有资产也不符合资产确认条件,因而也不能在财务报表内确认。然而,需要指出的是,影响或有负债和或有资产的多种因素处于不断变化之中,企业应当持续地对这些因素予以关注。

【例3.2】 下列有关或有事项的表述中,正确的有(　　)。

A. 对于或有事项既要确认或有负债,也要确认或有资产

B. 或有负债和或有资产都是由过去的交易或事项形成的

C. 或有负债与或有事项相联系,有或有事项就有或有负债

D. 只有对本单位产生不利影响的事项,才能作为或有事项

正确答案是 B。

根据企业会计准则规定,或有负债和或有资产都不允许确认,因此,选项 A 是错误的;或有事项有可能导致或有负债,也有可能导致或有资产,因此,“有或有事项就有或有负债”的说法不正确,选项 C 是错误的;或有事项对于企业既有可能产生不利影响,也有可能产生有利影响,因此,选项 D 是错误的。

试试看,你能行:

企业会计准则规定:企业不应当确认或有负债和或有资产。你能说出其中的原因吗? 试试吧。

3.2 或有事项的确认和计量

3.2.1 或有事项的确认

根据企业会计准则的规定,与或有事项相关的义务同时满足以下条件的,应当确认为预计负债:①该义务是企业承担的现时义务;②履行该义务很可能导致经济利益流出企业;③该义务的金额能够可靠计量。

3.2.1.1 该义务是企业承担的现时义务

该义务是企业承担的现时义务,是指与或有事项相关的义务是在企业当前条件下已承担的义务,企业没有其他现实的选择,只能履行该义务,如法律要求企业必须履行、有关各方合理预期企业应当履行等。现时义务包括法定义务和推定义务。

法定义务,是指因合同、法规或其他司法解释等产生的义务,通常是企业在经营管理和经济协调中,依照经济法律、法规的规定必须履行的责任。例如,企业与另外的企业签订购货合同产生的义务,就属于法定义务。

推定义务,是指因企业的特定行为而产生的义务。企业的“特定行为”,泛指企业以往的习惯做法,已公开的承诺或已公开宣布的经营政策。并且,由于以往的习惯做法,或通过这些承诺或公开的声明,企业向外界表明了它将承担特定的责任,从而使受影响的各方形成了其将履行那些责任的合理预期。例如,甲公司是一家化工企业,因扩大经营规模,到 A 国创办了一家分公司。假定 A 国尚未针对甲公司这类企业的生产经营可能产生的环境污染制定相关法律,因而甲公司的分公司对在 A 国生产经营可能产生的环境污染不承担法定义务。但是,甲公司为在 A 国树立良好的形象,自行向社会公告,宣称将对生产经营可能产生的环境污染进行治理。甲公司的分

公司为此承担的义务就属于推定义务。

3.2.1.2 履行该义务很可能导致经济利益流出企业

履行该义务很可能导致经济利益流出企业，是指履行与或有事项相关的现时义务时，导致经济利益流出企业的可能性超过50%但尚未达到基本确定的程度。

企业因或有事项承担了现时义务，并不说明该现时义务很可能导致经济利益流出企业。例如，2009年5月1日，甲企业与乙企业签订协议，承诺为乙企业的2年期银行借款提供全额担保。对于甲企业而言，由于担保事项而承担了一项现时义务，但这项义务的履行是否很可能导致经济利益流出企业，需依据乙企业的经营情况和财务状况等因素加以确定。假定2009年末，乙企业的财务状况恶化，且没有迹象表明可能发生好转。此种情况出现，表明乙企业很可能违约，从而甲企业履行承担的现时义务将很可能导致经济利益流出企业。反之，如果乙企业财务状况良好，一般可以认定乙企业不会违约，从而甲企业履行承担的现时义务不是很可能导致经济利益流出企业。

3.2.1.3 该义务的金额能够可靠计量

该义务的金额能够可靠计量，是指与或有事项相关的现时义务的金额能够合理地估计。由于或有事项具有不确定性，因或有事项产生的现时义务的金额也具有不确定性，需要估计。要对或有事项确认一项负债，相关现时义务的金额应当能够可靠估计。例如，某企业（被告）涉及一起诉讼案。根据以往的审判案例推断，该企业很可能要败诉，相关的赔偿金额也可以估算出一个范围。这种情况下，可认为该企业因未决诉讼承担的现时义务的金额能够可靠估计，从而应对未决诉讼确认一项负债。但是，如果没有以往的案例可与该企业涉及的诉讼案进行比照，而相关的法律条文又没有明确解释，那么即使该企业可能败诉，在判决以前通常也不能推断现时义务的金额能够可靠估计。对此，该企业不应当对未决诉讼确认预计负债。

3.2.2 预计负债的计量

或有事项的计量，是指与或有事项有关的义务形成的预计负债的计量，主要涉及两个问题：一是最佳估计数的确定；二是预期可获得补偿的处理。

3.2.2.1 最佳估计数的确定

预计负债应当按照履行相关现时义务所需支出的最佳估计数进行初始计量。最佳估计数的确定应当分以下两种情况处理。

(1)所需支出存在一个连续范围，且该范围内各种结果发生的可能性相同，则最佳估计数应当按照该范围内的中间值，即上、下限金额的平均数确定。

【例3.3】 2009年12月25日，甲企业因合同违约而涉及一起诉讼案。根据企业的法律顾问判断，最终的判决很可能对甲企业不利。2009年12月31日，甲企业尚未接到法院的判决，因诉讼需承担的赔偿金额也无法准确地确定。不过，据专业人士估计，赔偿金额可能是100万元～120万元之间的某一金额，而且这个区间内每个金额发生的可能性都大致相同。

本例中,甲企业应在2009年12月31日的资产负债表中确认一项负债,金额 = (100 + 120) ÷ 2 = 110(万元)。

(2)所需支出不存在一个连续范围,或者虽然存在一个连续范围但该范围内各种结果发生的可能性不相同。在这种情况下,最佳估计数按照如下方法确定。

①或有事项涉及单个项目的,按照最可能发生金额确定。"涉及单个项目"指或有事项涉及的项目只有一个,如一项未决诉讼、一项未决仲裁或一项债务担保等。

【例3.4】 乙公司涉及一起诉讼。根据类似案件的经验以及公司所聘律师的意见判断,乙公司在该起诉讼中胜诉的可能性有40%,败诉的可能性有60%。如果败诉,将要赔偿100万元。

在这种情况下,乙公司应确认的负债金额(最佳估计数)应为最可能发生金额,即100万元。

②或有事项涉及多个项目的,按照各种可能结果及相关概率计算确定。"涉及多个项目"指或有事项涉及的项目不止一个,如在产品质量保证中,提出产品保修要求的可能有多个客户。相应地,企业对这些客户负有保修义务,应根据发生质量问题的概率及相关的保修费用计算确定应予确认的负债金额。

【例3.5】 2009年,甲企业销售产品5万件,销售额1 500万元。甲企业的产品质量保证条款规定:产品售出后一年内,如发生正常质量问题,甲企业将免费负责修理。根据以往的经验,如果出现较小的质量问题,则需发生的修理费为销售额的1%;如果出现较大的质量问题,则需发生的修理费为销售额的2%。据预测,本年度已售产品中,有80%不会发生质量问题,有15%将发生较小质量问题,有5%将发生较大质量问题。

根据上述资料,2009年年末甲企业应确认的负债金额(最佳估计数) = (1 500 × 1%) × 15% + (1 500 × 2%) × 5% = 3.75(万元)。

3.2.2.2 预期可获得补偿的处理

如果企业清偿因或有事项而确认的负债所需支出全部或部分预期由第三方或其他方补偿,则此补偿金额只有在基本确定能够收到时,才能作为资产单独确认,并且确认的补偿金额不能超过所确认预计负债的账面价值。补偿金额的确认涉及两个问题:一是确认时间,补偿只有在"基本确定"能够收到时才予以确认;二是确认金额,确认的金额是基本确定能够收到的金额,而且不能超过相关预计负债的金额。

可能获得补偿的情况通常有:①发生交通事故等情况时,企业通常可以从保险公司获得合理的赔偿;②在某些索赔诉讼中,企业可以通过反诉的方式对索赔人或第三方另行提出赔偿要求;③在债务担保业务中,企业在履行担保义务的同时,通常可以向被担保企业提出额外追偿要求。

企业预期从第三方获得的补偿,是一种潜在资产,其最终是否会转化为企业真正的资产(即企业是否能够收到这项补偿)具有较大的不确定性,企业只能在基本确定能够收到补偿时才能对其进行确认。根据资产和负债不能随意抵销的原则,预期可获得的补偿在基本确定能够收到时才确认为一项资产,而不能作为预计负债金额的扣减。

【例3.6】 2009年12月31日,丁企业因或有事项确认了一项预计负债80万元;同时,因该或有事项,丁企业还可以从戊企业获得50万元的赔偿,且这项金额基本确定能够收到。

在上述情况下,丁企业应分别确认一项金额为80万元的负债和一项金额为50万元的资产,而不能只确认一项金额为30(30=80-50)万元的负债。同时,丁公司所确认的补偿金额50万元不能超过所确认的预计负债的账面价值80万元。

3.2.2.3 预计负债计量需要考虑的其他因素

企业在确定最佳估计数时,应当综合考虑与或有事项有关的风险、不确定性、货币时间价值和未来事项等因素。

1. 风险和不确定性

风险是对交易或事项结果的变化可能性的一种描述。企业在不确定的情况下进行判断需要谨慎,使得收益或资产不会被高估,费用或负债不会被低估。企业应当充分考虑与或有事项有关的风险和不确定性,既不能忽略风险和不确定性对或有事项计量的影响,也需要避免对风险和不确定性进行重复调整,从而在低估和高估预计负债金额之间寻找平衡点。

2. 货币时间价值

预计负债的金额通常应当等于未来应支付金额。但是,因货币时间价值的影响,资产负债表日后不久发生的现金流出,要比一段时间之后发生的同样金额的现金流出负有更大的义务。所以,如果预计负债的确认时点距离实际清偿有较长的时间跨度,货币时间价值的影响重大,那么在确定预计负债的确认金额时,有必要考虑采用现值计量,即通过对相关未来现金流出进行折现后确认最佳估计数。例如,油气井或核电站的弃置费用等,应当按照未来应支付金额的现值确定。

3. 未来事项

企业应当考虑可能影响履行现时义务所需金额的相关未来事项。也就是说,对于这些未来事项,如果有足够的客观证据表明它们将会发生,如未来技术进步、相关法规出台等,则应当在预计负债计量中考虑相关未来事项的影响,但不应考虑预期处置相关资产形成的利得。

预期的未来事项可能对预计负债的计量较为重要。例如,某核电企业预计在生产结束时清理核废料的费用将因未来技术的变化而显著降低。那么,该企业因此确认的预计负债金额应当反映有关专家对技术发展以及清理费用减少作出的合理预测。但是,这种预计需要取得相当客观的证据予以支持。

4. 资产负债表日对预计负债账面价值的复核

企业应当在资产负债表日对预计负债的账面价值进行复核。有确凿证据表明该账面价值不能真实反映当前最佳估计数的,应当按照当前最佳估计数对该账面价值进行调整。例如,某化工企业对环境造成了污染,按照当时的法律规定,只需要对污染进行清理。随着国家对环境保护越来越重视,按照现行的法律规定,该企业不但需要对污染进行清理,还很可能要对企业附近的居民进行赔偿。这种法律要求的变化,会对企业预计负债的计量产生影响。企业应当在资产负债表日对为此确认的预计负债金额进行复核,相关因素发生变化表明预计负债金额不再能反映真实情况时,需要按照当前情况下企业清理和赔偿支出的最佳估计数对预计负债的账面价值进行相应地调整。

3.3 或有事项会计的具体应用

3.3.1 未决诉讼或未决仲裁

诉讼,是指当事人不能通过协商解决争议,因而在人民法院起诉、应诉,请求人民法院通过审判程序解决纠纷的活动。诉讼尚未裁决之前,对于被告来说,可能形成一项或有负债或者预计负债;对于原告来说,则可能构成一项或有资产。

仲裁,是指经济法律关系的各方当事人依照事先约定或事后达成的书面仲裁协议,共同选定仲裁机构并由其对争议依法作出具有约束力裁决的一种活动。作为当事人一方,仲裁的结果在仲裁决定公布以前是不确定的,会构成一项潜在义务或现时义务,或者潜在资产。

【例 3.7】 甲公司欠乙公司货款 1 000 万元,按合同规定,甲公司应于 2009 年 10 月 15 日前付清货款,但甲公司未按期付款,则乙公司向法院提起诉讼。2009 年 12 月 15 日,一审判决甲公司应向乙公司全额支付货款,并按每日万分之五的利率支付货款延付期间的利息 30 万元;此外,还应当承担诉讼费 10 万元。甲公司不服,认为乙公司所提供的货物不符合双方原来约定条款的要求,并因此向乙公司提出索赔要求,金额为 200 万元。截至 2009 年 12 月 31 日,该诉讼尚在审理当中。

本例中,甲公司应在资产负债表中确认一项预计负债,同时在附注中进行披露。有关账务处理如下:

借:管理费用——诉讼费	100 000	
营业外支出——罚息支出	300 000	
贷:预计负债——未决诉讼		400 000

甲公司反诉乙公司能否胜诉,只有等判决后才能确定。如果根据以往的经验和当时的情况,甲公司有充分的理由说明很可能胜诉,那么,甲公司应在资产负债表中进行披露;如果甲公司缺乏充分的理由说明很可能胜诉,则不应对相关的或有资产作出披露。

对于乙公司来说,一审判决甲公司败诉,为此,乙公司获得了收取罚息和诉讼费的权利。但甲公司不服判决结果并提起反诉,因此,胜诉可能获得的资产 40 万元,乙公司只能在 2009 年 12 月 31 日的资产负债表附注中作出披露,不应确认一项资产。

对于甲公司提起反诉是否导致乙公司承担现时义务，乙公司应作仔细判断。如果认为甲公司很可能胜诉，由此造成乙公司发生的损失也能够可靠计量时，乙公司应确认一项相关负债；否则，只需作出相关披露即可。

应当注意的是，对于未决诉讼，企业当期实际发生的担保诉讼损失金额与已计提的相关预计负债之间的差额，应分情况处理。

(1)企业在前期资产负债表日，依据当时实际情况和所掌握的证据合理估计了预计负债，应当将当期实际发生的诉讼损失金额与已计提的相关预计负债之间的差额，直接计入或冲减当期营业外支出。

(2)企业在前期资产负债表日，依据当时实际情况和所掌握的证据原本应当能够合理估计诉讼损失，但企业所作的估计却与当时的事实严重不符(如未合理预计损失或不恰当地多计或少计损失)，应当按照重大会计差错更正的方法进行处理。

(3)企业在前期资产负债表日，依据当时实际情况和所掌握的证据，确实无法合理估计诉讼损失，因而未确认预计负债，则在该项损失实际发生的当期，直接计入当期营业外支出。

(4)资产负债表日后至财务报告批准报出日之间发生的需要调整或说明的未决诉讼，按照资产负债表日后事项的有关规定进行会计处理。

3.3.2 债务担保

债务担保在企业中是较为普遍的现象。作为提供担保的一方，在被担保方无法履行合同的情况下，常常承担连带责任。企业对外提供债务担保常常会涉及诉讼，这时可以分以下不同情况进行处理。

(1)企业已被判决败诉的，则应当按照法院判决的应承担的损失金额，确认预计负债。

(2)已判决败诉，但企业正在上诉，或者经上一级法院裁定暂缓执行，或者由上一级法院发回重审等，企业应当在资产负债表日根据已有判决结果合理估计损失金额，确认为预计负债。

(3)法院尚未判决的，企业应当向其律师或法律顾问等咨询，估计败诉的可能性以及败诉后可能发生的损失金额，并取得有关书面意见，如果败诉的可能性大于胜诉的可能性，并且损失金额能够合理估计的，应当在资产负债表日将预计损失金额确认为预计负债。

【例3.8】 2008年11月，乙公司从银行贷款人民币800万元，期限2年，由甲公司全额担保；2009年3月，丙公司从银行贷款美元200万元，期限1年，由甲公司担保50%；2009年5月，丁公司通过银行从戊公司贷款人民币900万元，期限1年，由甲公司全额担保。

截至2009年12月31日的情况如下：乙公司贷款逾期未还，银行已起诉乙公司和甲公司；丙公司由于受金融危机影响和内部管理不善等原因，经营效益不如以往，可能不能偿还到期美元债务；丁公司经营情况良好，预期不存在还款困难。

在本例中，就乙公司而言，甲公司很可能需履行连带责任，但损失金额是多少，目前还难以预计；就丙公司而言，甲公司可能需履行连带责任；就丁公司而言，甲公司履行连带责任的可能性极小。这三项债务担保形成甲公司的或有负债，不符合预计负债的确认条件，甲公司应在 2009 年 12 月 31 日编制的财务报表附注中进行披露，如表 3.1 所示。

表 3.1　甲公司财务报表附注中应予披露的或有负债

被担保单位	担保金额	财务影响
乙公司	担保金额人民币 800 万元，2010 年 11 月到期	乙公司的银行借款已逾期。出借银行已起诉乙公司和本公司。由于对乙公司债务进行全额担保，预期诉讼结果将给本公司的财务造成重大不利影响
丙公司	担保金额美元 100 万元，2010 年 3 月到期	被担保公司丙公司因受金融危机影响以及内部管理不善等原因，本年度效益不如以往，可能不能偿还到期债务。因此，本公司可能因承担相应的连带责任而发生损失
丁公司	担保金额人民币 900 万元，2010 年 5 月到期	丁公司目前经营情况良好，预期不存在还款困难。因此，对丁公司的担保极小可能会给本公司造成不利影响

3.3.3　产品质量保证

产品质量保证，通常指销售商或制造商在销售产品或提供劳务后，对客户提供服务的一种承诺。在约定期内（或终身保修），若产品或劳务在正常使用过程中出现质量或与之相关的其他属于正常范围的问题，企业负有更换产品、免费或只收成本价进行修理等责任。按照权责发生制原则，上述相关支出符合一定的确认条件就应在销售成立时确认。

【例 3.9】　甲公司是生产并销售 A 产品的企业。2009 年第一季度销售 A 产品 2 000 台，每台售价为 1 000 元。对购买其产品的消费者，甲公司作出如下承诺：该产品售出后两年内，如发生正常质量问题，公司将负责免费维修（含零部件更换）。根据以往的经验，发生的维修费一般在销售额的 1% ~2% 之间。假定甲公司 2009 年度第一个季度实际发生的维修费为 2 万元；同时，假定 2008 年"预计负债——产品质量保证"科目年末余额为 2.5 万元。

本例中，2009 年度第一个季度，甲公司的账务处理如下。

（1）发生产品质量保证费用（维修费）。

借：预计负债——产品质量保证　　　　20 000

　　贷：银行存款或原材料等　　　　　　20 000

（2）确认与产品质量保证有关的预计负债。

第一季度末，应确认的产品质量保证负债金额 = 2 000 × 1 000 × (1% + 2%) ÷ 2 = 30 000（元）。

借：销售费用——产品质量保证　　　　30 000

贷:预计负债——产品质量保证 30 000

第一季度末,“预计负债——产品质量保证”科目余额为 = 25 000 + 30 000 - 20 000 = 35 000(元)。

试试看,你能行:

沿用例3.9,假定甲公司在2009年第二、三、四季度分别销售A产品2 500台、3 000台和2 800台,实际发生的维修费分别为2万元、3万元和2.5万元。

你能作出有关的会计处理并计算出每季度末“预计负债——产品质量保证”科目余额吗?试试吧。

在对产品质量保证确认预计负债时,需要注意以下问题:

(1)如果发现保证费用的实际发生额与预计数相差较大,应及时对预计比例进行调整;

(2)如果企业针对特定批次产品确认预计负债,则在保修期结束时,应将“预计负债——产品质量保证”余额冲销,不留余额;

(3)已对其确认预计负债的产品,如企业不再生产了,那么应在相应的产品质量保证期满后,将“预计负债——产品质量保证”余额冲销,不留余额。

3.3.4 亏损合同

待执行合同变为亏损合同,同时该亏损合同产生的义务满足预计负债的确认条件,应当确认为预计负债。其中,待执行合同,是指合同各方尚未履行任何合同义务,或部分地履行了同等义务的合同。企业与其他企业签订的商品销售合同、劳务合同、租赁合同等,均属于待执行合同,待执行合同不属于或有事项。

但是,待执行合同变为亏损合同的,应当作为或有事项。亏损合同,是指履行合同义务不可避免发生成本超过预期经济利益的合同。预计负债的计量应当反映退出该合同的最低净成本,即履行该合同的成本与未能履行该合同而发生的补偿或处罚两者之中的较低者。企业与其他企业签订的商品销售合同、劳务合同、租赁合同等,均可能变为亏损合同。

企业对亏损合同进行会计处理,需要遵循以下原则。

(1)如果与亏损合同相关的义务不需要支付任何补偿即可撤销,企业通常就不存在现时义务,不应确认预计负债;如果与亏损合同相关的义务不可撤销,企业就存在现时义务,同时满足该义务很可能导致经济利益流出企业且金额能够可靠计量的,应当确认预计负债。

(2)待执行合同变为亏损合同时,合同存在标的资产,应当对标的资产进行减值测试并按规定确认减值损失,在这种情况下,企业通常不需要确认预计负债。例如,销售给对方一批产品,售价每件100元,资产负债表日,每件成本变为120元,每件亏损20元,且期末仓库中有该产品。这种情况下,应先对存货进行减值测试计提减值损失,通常不需要确认预计负债。

(3)待执行合同变为亏损合同时,合同不存在标的资产,亏损合同相关义务满足预计负债确认条件时,应当确认预计负债。例如,签订合同销售给对方一批产品,售价每件100元,资产负债表日,每件成本变为120元,每件亏损20元,且当时没有库存商品。这种情况下应确认预计负债。

【例3.10】 2009年1月1日,甲公司采用经营租赁方式租入一条生产线生产A产品,租赁期3年。甲公司利用该生产线生产的A产品每年可获利15万元。2009年12月31日,甲公司决定停产A产品,原经营租赁合同不可撤销,还要持续2年,且生产线无法转租给其他单位。

本例中,甲公司与其他公司签订了不可撤销的经营租赁合同,负有法定义务,必须继续履行租赁合同(交纳租金)。同时,甲公司决定停产A产品。因此,甲公司继续执行原经营租赁合同不可避免要发生的费用很可能超过预期获得的经济利益,属于亏损合同,应当在2009年12月31日根据未来应支付的租金的最佳估计数确认预计负债。

【例3.11】 2009年10月1日,乙企业与某公司签订了一项产品销售合同,约定在2009年12月25日以每件产品125元的价格向该公司提供1万件A产品,若不能按期交货,乙企业需要交纳30万元的违约金。这批产品在签订合同时尚未开始生产,但企业开始筹备原材料以生产这批产品时,原材料价格突然上涨,预计生产每件产品需要花费成本150元。

此例中,乙企业生产产品的成本为每件150元,而售价为每件125元,每销售1件亏损25元,共计损失25万元。因此,这项销售合同是一项亏损合同。如果撤销合同,则需要交纳30万元的违约金。

(1)由于该合同签订时不存在标的资产,乙企业应当按照履行合同所需成本与违约金中的较低者确认一项预计负债。

借:营业外支出　　250 000

　贷:预计负债　　250 000

(2)待相关产品生产完成后,将已确认的预计负债冲减产品成本。

借:预计负债　　250 000

　贷:库存商品　　250 000

3.3.5　重组业务

重组,是指企业制定和控制的,将显著改变企业组织形式、经营范围或经营方式的计划实施行为。属于重组的事项主要包括:①出售或终止企业的部分经营业务;②对企业的组织结构进行较大调整;③关闭企业的部分营业场所,或将营业活动由一个国家或地区迁移到其他国家或地区。

企业应当将重组与企业合并、债务重组区别开。因为重组通常是企业内部资源的调整和组合,谋求现有资产效能的最大化;企业合并是不同企业之间的资本重组和规模扩张;而债务重组是债权人对债务人作出让步,债务人减轻债务负担,债权人尽可能减少损失。

3.3.5.1 重组义务的确认

首先,同时存在下列情况的,表明企业承担了重组义务:①有详细、正式的重组计划,包括重组涉及的业务、主要地点、需要补偿的职工人数及其岗位性质、预计重组支出、计划实施时间等;②该重组计划已对外公告。

其次,需要判断重组义务是否同时满足预计负债的三个确认条件,即判断其承担的重组义务是否是现时义务、履行重组义务是否很可能导致经济利益流出企业、重组义务的金额是否能够可靠计量。只有同时满足这三个确认条件,才能将重组义务确认为预计负债。

【例3.12】 2009 年 12 月 31 日,甲公司董事会决定关闭 A 事业部。如果在 2009 年年度财务报告对外报出前,甲公司尚未就此项决定传达到受其影响的各方,也未采取任何措施实施该项决定,该公司就没有开始承担重组义务,不应确认预计负债。如果在 2009 年年度财务报告对外报出前,关闭 A 事业部的有关决定已向社会公告,受影响的公司相关职工也已收到通知,通常表明甲公司开始承担重组义务,如果该义务很可能导致经济利益流出企业,且金额能够可靠计量,应当确认预计负债。

3.3.5.2 重组义务的计量

企业应当按照与重组有关的直接支出确定预计负债金额。其中,直接支出是企业重组必须承担的,并且与主体继续进行的活动无关的支出,不包括留用职工岗前培训、市场推广、新系统和营销网络投入等支出。

由于企业在计量预计负债时不应当考虑预期处置相关资产的利得或损失,在计量与重组义务相关的预计负债时,也不考虑处置相关资产(厂房、店面,有时是一个事业部整体)可能形成的利得或损失,即使资产的出售构成重组的一部分也是如此。

企业可以参照表 3.2 判断某项支出是否属于与重组有关的直接支出。

表 3.2 与重组有关支出的判断表

支出项目	包括	不包括	不包括的原因
自愿遣散	√		
强制遣散(如果自愿遣散目标未满足)	√		
将不再使用的厂房的租赁撤销费	√		
将职工和设备从拟关闭的工厂转移到继续使用的工厂		√	支出与继续进行的活动相关
剩余职工的再培训		√	支出与继续进行的活动相关
新经理的招募成本		√	支出与继续进行的活动相关
推广公司新形象的营销成本		√	支出与继续进行的活动相关
对新分销网络的投资		√	支出与继续进行的活动相关

续表

支出项目	包括	不包括	不包括的原因
重组的未来可辨认经营损失(最新预计值)		√	支出与继续进行的活动相关
特定不动产、厂场和设备的减值损失		√	减值准备应当按照《企业会计准则第8号——资产减值》进行计提,并作为资产的抵减项

知识链接

1. 本章主要阐述了或有事项的概念、特征、确认和计量。应关注的主要内容有:或有事项的特征;或有事项的确认和计量;或有事项会计的具体应用。

2. 学习本章内容,应重点关注的问题包括:预计负债的确认条件;预计负债的计量原则;未决诉讼或未决仲裁、债务担保、产品质量保证、亏损合同和重组业务形成的或有事项的会计处理。

3. 企业应当在附注中披露与或有事项有关的下列信息。

(1)预计负债:①预计负债的种类、形成原因以及经济利益流出不确定性的说明;②各类预计负债的期初、期末余额和本期变动情况;③与预计负债有关的预期补偿金额和本期已确认的预期补偿金额。

(2)或有负债(不包括极小可能导致经济利益流出企业的或有负债):①或有负债的种类及其形成原因,包括已贴现商业承兑汇票、未决诉讼、未决仲裁、对外提供担保等形成的或有负债;②经济利益流出不确定性的说明;③或有负债预计产生的财务影响以及获得补偿的可能性,无法预计的,应当说明原因。

(3)企业通常不应当披露或有资产,但或有资产很可能会给企业带来经济利益的,应当披露其形成的原因、预计产生的财务影响等。

4. 学习本章,可以阅读和参考《企业会计准则第13号——或有事项》及其应用指南、《企业会计准则讲解(2008)》第十四章"或有事项"、《企业会计准则——应用指南》中的"会计科目和主要账务处理"等内容。

4 债务重组

学习要求

(1)掌握各种债务重组方式下债权人的会计处理。

(2)掌握各种债务重组方式下债务人的会计处理。

(3)了解债务重组的概念和债务重组的方式。

能力目标

对于企业发生的债务重组业务,应当掌握下列专业技能:

(1)能够正确区分债务重组与非债务重组;

(2)能够正确填制和审核与债务重组业务有关的原始凭证;

(3)能够根据有关原始凭证,正确运用会计科目填制记账凭证;

(4)能够根据记账凭证,正确登记与债务重组业务有关的总账及其明细账;

(5)能够正确计算和结转有关总账及其明细账期末余额,做到账账相符、账证相符。

学习指导

学习本章,首先要正确理解债务重组的概念和债务重组的组合方式;其次,要注意分析、理解例题中讲述的各种债务重组方式下的会计处理,并对同一重组业务下债务人和债权人双方的账务处理进行比较,注意债务重组利得、债务重组损失和资产转让损益的计算。

4.1 债务重组概述

4.1.1 债务重组的概念

债务重组,是指在债务人发生财务困难的情况下,债权人按照其与债务人达成的协议或者法院的裁定作出让步的事项。对债权人而言,称为“债权重组”,对债务人而言,则称为“债务重组”,为便于表述,统称为债务重组。

债务人发生财务困难,债权人作出让步是债务重组的基本特征。债务人发生财务困难,是指因债务人出现资金周转困难、经营陷入困境或者其他原因,导致其无法或者没有能力按原定条件偿还债务。债权人作出让步,是指债权人同意发生财务困难的债务人现在或者将来以低于重组债务账面价值的金额或者价值偿还债务。“债权人作出让步”的情形主要包括:债权人减免债务人部分债务本金或利息,降低债务人应付债务的利率等。

4.1.2 债务重组的方式

债务重组的方式主要包括:以资产清偿债务、将债务转为资本、修改其他债务条件和以上三种方式的组合等。

1. 以资产清偿债务

债务人以资产清偿债务的方式有以下两种。

1)以现金资产清偿债务

以现金资产清偿债务,是指以低于债务账面价值的现金清偿债务。如果以等量现金偿还债务,则不属于本章所指的债务重组范畴。这里所指的现金包括:库存现金、银行存款和其他货币资金。

2)以非现金资产清偿债务

以非现金资产清偿债务,是指债务人转让非现金资产给债权人以清偿债务的债务重组方式。这里所指的非现金资产包括:存货、固定资产、各种投资(股票投资、债券投资、基金投资等)和无形资产等。

2. 将债务转为资本

将债务转为资本,是指债务人将债务转为资本,同时债权人将债权转为股权的债务重组方式。如果债务人根据转换协议,将应付可转换公司债券转为资本的,则属于正常情况下的债务转资本,不能作为债务重组处理。

将债务转为资本时,对于股份有限公司而言,债务人因此增加了股本,债权人因此增加了股权;对于其他企业而言,债务人因此增加了实收资本,债权人因此增加了股权。

3. 修改其他债务条件

修改其他债务条件,是指不包括上述两种方式在内的修改其他债务条件进行的债务重组方式,如减少债务本金、降低利率、减免应付未付的利息等。

4. 以上三种方式的组合

以上三种方式的组合,是指采用以上三种方式共同清偿债务的债务重组方式。具体包括:

(1)以现金资产清偿某项债务的一部分,另一部分债务通过非现金资产清偿;

(2)以现金资产清偿某项债务的一部分,另一部分债务通过债务转为资本方式清偿;

(3)以非现金资产清偿某项债务的一部分,另一部分债务通过债务转为资本方式清偿;

(4)以现金资产清偿某项债务的一部分,另一部分债务通过修改其他债务条件清偿;

(5)以非现金资产清偿某项债务的一部分,另一部分债务通过修改其他债务条件清偿;

(6)以债务转为资本方式清偿某项债务的一部分,另一部分债务通过修改其他债务条件清偿;

(7)以现金资产清偿某项债务的一部分,另一部分债务通过债务转为资本和修改其他债务条件两种方式清偿;

(8)以非现金资产清偿某项债务的一部分,另一部分债务通过债务转为资本和修改其他债务条件两种方式清偿等。

4.2 债务重组的会计处理

4.2.1 以资产清偿债务

4.2.1.1 以现金清偿债务

1. 债务人的会计处理

以现金清偿债务,债务人应当将重组债务的账面价值与实际支付现金之间的差额确认为债务重组利得,作为营业外收入,计入当期损益。重组债务的账面价值,一般为债务的面值、本金或原值,如应付账款;如果包含利息的,还应加上应付未付利息,如长期借款等。

以低于应付债务账面价值的现金清偿债务,应按应付债务的账面余额,借记"应付账款"等科目;按实际支付的金额,贷记"银行存款"等科目;按其差额,贷记"营业外收入——债务重组利得"科目。

2. 债权人的会计处理

以现金清偿债务,债权人应当将重组债权的账面余额与收到的现金之间的差额确认为债务重组损失,作为营业外支出,计入当期损益。债权人已对债权计提减值准备的,应当先将该差额冲减减值准备;冲减后尚有余额的,计入营业外支出;冲减后减值准备仍有余额的，应予转回并抵减当期资产减值损失；未对债权计提减值准备的，应直接将该差额确认为债务重组损失。

企业收到债务人清偿债务的现金金额小于该项应收账款账面价值，应按实际收到的现金金额，借记“银行存款”等科目；按重组债权已计提的坏账准备，借记“坏账准备”科目；按重组债权的账面余额，贷记“应收账款”等科目；按其差额，借记“营业外支出——债务重组损失”科目。

企业收到债务人清偿债务的现金金额大于该项应收账款账面价值，应按实际收到的现金金额，借记“银行存款”等科目；按重组债权已计提的坏账准备，借记“坏账准备”科目；按重组债权的账面余额，贷记“应收账款”等科目；按其差额，贷记“资产减值损失”科目。

【例4.1】 2009 年 1 月 20 日，甲公司销售一批材料给乙公司，不含税价格为 100 万元，增值税税率为 17%。2009 年 4 月 20 日，乙公司财务发生困难，无法按期偿还债务，经双方协商，甲公司同意减免乙公司 30 万元债务，余款乙公司用现金立即还清，甲公司已对该项应收债权计提坏账准备 15 万元。

(1)乙公司(债务人)的会计处理如下。

① 计算债务重组利得。

应付账款账面余额	(100 + 100 × 17%)	117 万元
减：支付的现金		87 万元
债务重组利得		30 万元

② 会计分录。

借：应付账款——甲公司	1 170 000	
贷：银行存款		870 000
营业外收入——债务重组利得		300 000

(2)甲公司(债权人)的会计处理如下。

①计算债务重组损失。

应收账款账面余额	117 万元
减：收到的现金	87 万元
差额	30 万元
减：已计提坏账准备	15 万元
债务重组损失	15 万元

②会计分录。

借：银行存款	870 000	
坏账准备	150 000	
营业外支出——债务重组损失	150 000	
贷：应收账款——乙公司		1 170 000

试试看,你能行:

在上述例4.1中,假定经双方协商,甲公司同意减免乙公司10万元债务,其他条件不变,如果你是公司的会计人员,应怎样进行账务处理?与例题中的会计处理方式相同吗?试试吧。

【例4.2】 沿用例4.1中的已知条件,假如甲公司已对该项应收债权计提坏账准备35万元,则甲公司(债权人)的会计处理如下。

①计算债务重组损失。

应收账款账面余额	117万元
减:收到的现金	87万元
减:已计提坏账准备	35万元
差额	(冲减资产减值损失)-5万元

② 会计分录。

借:银行存款	870 000	
坏账准备	350 000	
贷:应收账款——乙公司		1 170 000
资产减值损失		50 000

乙公司(债务人)的账务处理方法与例4.1中相同。

4.2.1.2 以非现金资产清偿债务

1. 债务人的会计处理

债务人以非现金资产清偿某项债务,债务人应当将重组债务的账面价值与转让的非现金资产的公允价值之间的差额确认为债务重组利得,作为营业外收入,计入当期损益。转让的非现金资产的公允价值与其账面价值的差额作为转让资产损益,计入当期损益。

债务人在转让非现金资产的过程中发生的一些税费,如资产评估费、运杂费等,直接计入转让资产损益。对于增值税应税项目,如债权人不向债务人另行支付增值税,则债务重组利得应为转让非现金资产的公允价值和该非现金资产的增值税销项税额与重组债务账面价值的差额;如债权人向债务人另行支付增值税,则债务重组利得应为转让非现金资产的公允价值与重组债务账面价值的差额。

企业以非现金资产清偿债务,应按应付债务的账面余额,借记"应付账款"等科目;按用于清偿债务的非现金资产的公允价值,贷记"主营业务收入"、"其他业务收入"、"固定资产清理"、"无形资产"、"长期股权投资"等科目;按应支付的相关税费,贷记"应交税费"等科目;按其差额,贷记"营业外收入"等科目或借记"营业外支出"等科目。

2. 债权人的会计处理

债务人以非现金资产清偿某项债务,债权人应当对受让的非现金资产按其公允价值入账，重组债权的账面余额与受让的非现金资产的公允价值之间的差额，确认为债务重组损失，作为营业外支出，计入当期损益。重组债权已经计提减值准备的，应当先将上述差额冲减已计提的减值准备，冲减后仍有损失的，计入营业外支出（债务重组损失）；冲减后减值准备仍有余额的，应予转回并抵减当期资产减值损失。

对于增值税应税项目，如果债权人不另行支付增值税，则增值税进项税额可以作为冲减重组债权的账面余额处理；如果债权人另行支付增值税，则增值税进项税额不能作为冲减重组债权的账面余额处理。

企业接受的债务人用于清偿债务的非现金资产，应按该项非现金资产的公允价值，借记"原材料"、"库存商品"、"固定资产"、"无形资产"等科目；按可抵扣的增值税额，借记"应交税费——应交增值税（进项税额）"科目；按重组债权的账面余额，贷记"应收账款"等科目；按应支付的相关税费和其他费用，贷记"银行存款"、"应交税费"等科目；按其差额，借记"营业外支出"等科目。

1）以库存商品等存货抵偿债务

【例4.3】 2009年2月15日，A公司销售一批产品给B公司，含税价150万元。2009年10月21日，B公司发生财务困难，无法按合同规定偿还债务，经双方协议，A公司同意B公司用本公司生产的一批产品抵偿该应收账款。该产品市场价为100万元，增值税税率为17%，产品成本为70万元。A公司为该债权计提坏账准备20万元。假定不考虑其他税费。

（1）B公司（债务人）会计处理。

①计算债务重组利得。

应付账款的账面余额	150万元
减：抵债资产的公允价值	100万元
抵债资产的增值税销项税额	17万元
债务重组利得	33万元

② 会计分录。

借：应付账款——A公司	1 500 000	
贷：主营业务收入		1 000 000
应交税费——应交增值税（销项税额）		170 000
营业外收入——债务重组利得		330 000
借：主营业务成本	700 000	
贷：库存商品		700 000

（2）A公司（债权人）的会计处理。

①计算债务重组损失。

应收账款账面余额	150万元
减：受让资产的公允价值	100万元
受让资产的增值税进项税额	17万元

已计提的坏账准备　　20 万元

债务重组损失　　13 万元

②会计分录。

借:库存商品　　1 000 000

　应交税费——应交增值税(进项税额)　　170 000

　坏账准备　　200 000

　营业外支出——债务重组损失　　130 000

　贷:应收账款——B 公司　　1 500 000

2)以固定资产抵偿债务

【例 4.4】 甲公司于 2009 年 1 月 1 日销售给乙公司一批材料,价值 35 万元(包括应收取的增值税税额),按购销合同约定,乙公司应于 2009 年 5 月 31 日前支付货款,但至 2009 年 9 月 30 日乙公司仍未支付货款。由于乙公司发生财务困难,短期内不能支付货款。2009 年 10 月 23 日,经过协商,甲公司同意乙公司以一台设备偿还债务。该项设备的账面原价为 30 万元,已计提折旧 5 万元,设备的公允价值为 31 万元(假设企业转让该项设备不需要交纳增值税)。甲公司对该项应收账款提取坏账准备 3 万元。设备已于 2009 年 11 月 9 日运抵甲公司。假定不考虑与该项债务重组相关的税费。

(1)乙公司(债务人)的会计处理。

①计算固定资产清理损益。

固定资产公允价值　　31 万元

减:固定资产净值　　(30 - 5)　25 万元

处理固定资产净收益　　6 万元

②计算债务重组利得。

应付账款的账面余额　　35 万元

减:固定资产公允价值　　31 万元

债务重组利得　　4 万元

③会计分录。

首先,将固定资产净值转入固定资产清理:

借:固定资产清理　　250 000

　累计折旧　　50 000

　贷:固定资产　　300 000

其次,结转债务重组利得:

借:应付账款——甲公司　　350 000

　贷:固定资产清理　　310 000

　　营业外收入——债务重组利得　　40 000

最后,结转转让固定资产的利得:

借:固定资产清理　　　　　　　　　　　　　　60 000
　　贷:营业外收入——处置固定资产利得　　　　　　60 000

(2)甲公司(债权人)的会计处理。

①计算债务重组损失。

应收账款账面余额	35 万元
减:受让资产的公允价值	31 万元
差额	4 万元
减:坏账准备	3 万元
债务重组损失	1 万元

② 会计分录。

借:固定资产　　　　　　　　　　　　　　310 000
　　坏账准备　　　　　　　　　　　　　　30 000
　　营业外支出——债务重组损失　　　　　　10 000
　　贷:应收账款——乙公司　　　　　　　　　　350 000

3)以股票、债券等金融资产抵偿债务

【例 4.5】 甲公司于 2009 年 7 月 1 日销售给乙公司一批材料,含税价 35 万元,乙公司于当日开出六个月承兑的商业汇票。乙公司于 2009 年 12 月 31 日尚未支付货款。由于乙公司发生财务困难,短期内不能支付货款。经与甲公司协商,甲公司同意乙公司以其所拥有并作为可供出售金融资产的 B 公司股票抵偿债务。该股票的账面价值 30 万元(为取得时的成本),公允价值 29 万元,假定甲公司为该项应收账款提取了坏账准备 1 万元。用于抵债的股票已于 2010 年 1 月 22 日办理了相关转让手续;甲公司将取得的某公司股票作为可供出售金融资产。甲公司已将该项应收票据转入应收账款;乙公司已将应付票据转入应付账款。

(1)乙公司(债务人)的会计处理。

①计算债务重组利得。

应付账款的账面余额	35 万元
减:股票的公允价值	29 万元
债务重组利得	6 万元

②计算转让股票收益。

股票的公允价值	29 万元
减:股票的账面价值	30 万元
转让股票损益	-1 万元

③会计分录。

借:应付账款——甲公司　　　　　　　　　　350 000
　　投资收益　　　　　　　　　　　　　　10 000
　　贷:可供出售金融资产　　　　　　　　　　300 000

营业外收入——债务重组利得 60 000

(2)甲公司(债权人)的会计处理。

①计算债务重组损失。

应收账款账面余额	35 万元
减:受让资产的公允价值	29 万元
差额	6 万元
减:坏账准备	1 万元
债务重组损失	5 万元

②会计分录。

借:可供出售金融资产 290 000

营业外支出——债务重组损失 50 000

坏账准备 10 000

贷:应收账款——乙公司 350 000

4.2.2 将债务转为资本

1. 债务人的会计处理

将债务转为资本,债务人应当将债权人放弃债权而享有股份的面值总额确认为股本(或者实收资本),股份的公允价值总额与股本(或者实收资本)之间的差额确认为资本公积。重组债务的账面价值超过股份的公允价值总额的差额,确认为债务重组利得,计入营业外收入。

对于上市公司,应以发行股票的市价作为股份或者股权的公允价值;对于其他企业,债权人因放弃债权而享有的股份或者股权可能没有市价,因此,应当采用恰当的估值技术确定其公允价值。

将债务转为资本,应按应付债务的账面余额,借记“应付账款”等科目;按债权人因放弃债权而享有的股权的公允价值,贷记“实收资本”或“股本”、“资本公积——资本溢价(股本溢价)”科目;按其差额,贷记“营业外收入——债务重组利得”科目。

2. 债权人的会计处理

债权人在债务重组日,应当将因放弃债权而享有股权的公允价值确认为对债务人的投资,重组债权的账面余额与因放弃债权而享有股权的公允价值之间的差额,确认为债务重组损失,计入营业外支出。债权人已对重组债权计提减值准备的,应当先将该差额冲减减值准备,减值准备不足以冲减的部分,确认为债务重组损失,计入营业外支出。

将债权转为投资,企业应按应享有股份的公允价值,借记“长期股权投资”等科目;按重组债权的账面余额,贷记“应收账款”等科目;按应支付的相关税费,贷记“银行存款”、“应交税费”等科目;按其差额,借记“营业外支出——债务重组损失”科目。

【例 4.6】 2009 年 5 月 21 日,乙公司应收甲公司账款的账面余额为 10 万元,合同约定 4 个月后结清款项。4 个月后,由于甲公司发生财务困难,无法偿付该笔账款,遂与乙公司协商进行债务重组。经双方协议,乙公司同意甲公司以其股权抵偿该账款。乙公司对该项应收账款计提坏账准备8 000元。假设转账后甲公司注册资本为400万元,净资产的公允价值为660万元,抵债股权占甲公司注册资本的1%。相关手续已办理完毕。假定不考虑其他相关税费,甲、乙公司均为股份有限公司。

(1)甲公司(债务人)的会计处理。

①计算应计入资本公积的金额。

抵债股权的公允价值	(660×1%)	6.6万元
减:股票的面值	(400×1%)	4万元
应计入资本公积金额		2.6万元

②计算债务重组利得。

应付债务的账面价值	10万元
减:股票的公允价值	6.6万元
债务重组利得	3.4万元

③会计分录。

借:应付账款——乙公司	100 000	
贷:股本		40 000
资本公积——股本溢价		26 000
营业外收入——债务重组利得		34 000

(2)乙公司(债权人)的会计处理。

①计算债务重组损失。

应收账款账面余额	10万元
减:所转股权的公允价值	6.6万元
差额	3.4万元
减:已计提坏账准备	0.8万元
债务重组损失	2.6万元

② 会计分录。

借:长期股权投资	66 000	
营业外支出——债务重组损失	26 000	
坏账准备	8 000	
贷:应收账款——甲公司		100 000

4.2.3　修改其他债务条件

以修改其他债务条件进行债务重组,应当区分是否涉及或有应付(或应收)金额进行会计处理。

4.2.3.1　不附或有条件的债务重组

不附或有条件的债务重组,是指在债务重组中不存在或有应付(或应收)金额,该或有条件需要根据未来某种事项出现而发生的应付(或应收)金额,并且该未来事项的出现具有不确定性。

1. 债务人的会计处理

不附或有条件的债务重组，债务人应当将修改其他债务条件后债务的公允价值作为重组后债务的入账价值，重组债务的账面价值与重组后债务的入账价值之间的差额，计入当期损益。

对债务人而言，如果修改后的债务条款中不涉及或有应付金额，则重组债务的账面价值大于重组后债务的入账价值（即修改其他债务条件后债务的公允价值）的差额确认为债务重组利得，计入营业外收入。

以修改其他债务条件进行清偿，应将重组债务的账面余额借记“应付账款”等科目；按重组后债务的公允价值，贷记“应付账款——债务重组”等科目；按其差额，贷记“营业外收入——债务重组利得”科目。

2. 债权人的会计处理

对债权人而言，如果修改后的债务条款中不涉及或有应收金额，则债权人应当将修改其他债务条件后的债权的公允价值作为重组后债权的账面价值，重组债权的账面余额与重组后债权的账面价值之间的差额确认为债务重组损失，计入营业外支出。如果债权人已对该债权计提减值准备的，应先将该差额冲减减值准备，减值准备不足以冲减的部分，作为债务重组损失，计入营业外支出。

以修改其他债务条件进行清偿，企业应按修改其他债务条件后的债权的公允价值，借记“应收账款——债务重组”等科目；按重组债权的账面余额，贷记“应收账款”等科目；按其差额，借记“营业外支出——债务重组损失”等科目。

【例 4.7】 甲公司于 2009 年 12 月 31 日，应收乙公司银行承兑汇票的账面余额为 58 000 元，其中，8 000 元为累计应收的利息，票面年利率 5%。由于乙公司连年亏损，资金周转困难，不能偿付应于 2009 年 12 月 31 日前支付的应付票据。经双方协商，于 2010 年 1 月 1 日进行债务重组。甲公司同意将债务本金减至 40 000 元；免去债务人所欠的全部利息；将利率从 5% 降低到 2%（等于实际利率），并将债务到期日延至 2011 年 12 月 31 日，利息按年支付。该项债务重组协议从协议签订日起开始实施。甲、乙公司已将应收、应付票据转入应收、应付账款。甲公司已为该项应收款项计提了 10 000 元坏账准备。

（1）乙公司（债务人）的会计处理。

①计算债务重组利得。

应付账款的账面余额	5.8 万元
减：重组后债务公允价值	4 万元
债务重组利得	1.8 万元

②会计分录。

2010 年 1 月 1 日债务重组时的会计分录。

借：应付账款——甲公司　　58 000

贷:应付账款——债务重组 40 000

营业外收入——债务重组利得 18 000

2010 年 12 月 31 日支付利息的会计分录。

借:财务费用 800

贷:银行存款 (40 000×2%) 800

2011 年 12 月 31 日偿还本金和最后一年利息的会计分录。

借:财务费用 800

应付账款——债务重组 40 000

贷:银行存款 40 800

(2)甲公司(债权人)的会计处理。

①计算债务重组损失。

应收账款账面余额	5.8 万元
减:重组后债权公允价值	4 万元
差额	1.8 万元
减:已计提坏账准备	1 万元
债务重组损失	0.8 万元

② 会计分录。

2010 年 1 月 1 日债务重组时的会计分录。

借:应收账款——债务重组 40 000

营业外支出——债务重组损失 8 000

坏账准备 10 000

贷:应收账款——乙公司 58 000

2010 年 12 月 31 日收到利息的会计分录。

借:银行存款 800

贷:财务费用 (40 000×2%) 800

2011 年 12 月 31 日收到本金和最后一年利息的会计分录。

借:银行存款 40 800

贷:财务费用 800

应收账款——债务重组 40 000

试试看,你能行:

在上述例 4.7 中,假定经双方协商,甲公司同意将债务本金减至 50 000 元,免去债务人所欠的全部利息;将利率从 5% 降低到 3%(等于实际利率)。其他条件不变,如果你是公司的会计人员,应怎样进行账务处理?与例题中的会计处理方式相同吗?试试吧。

4.2.3.2 附或有条件的债务重组

附或有条件的债务重组,是指在债务重组协议中附或有应付条件的重组。或有应付金额,是指依未来某种事项出现而发生的支出,未来事项的出现具有不确定性。如,债务重组协议规定:“将某公司债务100万元免除20万元,剩余债务展期两年,并按2%的年利率计收利息。如该公司一年后盈利,则自第二年起将按5%的利率计收利息”。根据此项债务重组协议,债务人依未来是否盈利而发生的2.4(2.4=80×3%)万元支出,即为或有应付金额。但债务人是否盈利,在债务重组时不能确定,即具有不确定性。

1. 债务人的会计处理

以修改其他债务条件进行的债务重组,修改后的债务条款如涉及或有应付金额,且该或有应付金额符合或有事项准则中有关预计负债确认条件,债务人应当将该或有应付金额确认为预计负债。重组债务的账面价值与重组后债务的入账价值和预计负债金额之和的差额,作为债务重组利得,计入营业外收入。当债务人承担的或有应付金额符合预计负债确认条件时,应当将或有应付金额确认为预计负债。上述或有应付金额在随后会计期间没有发生的,企业应当冲销已确认的预计负债,同时确认营业外收入。

2. 债权人的会计处理

以修改其他债务条件进行的债务重组,修改后的债务条款如涉及或有应收金额,债权人不应当确认或有应收金额,不得将其计入重组后债权的账面价值。根据谨慎性原则,或有应收金额属于或有资产,或有资产不予确认。只有在或有应收金额实际发生时,才计入当期损益。

【例4.8】 2007年12月31日,甲公司从某银行取得年利率10%、三年期的贷款80万元。现因甲公司发生财务困难,各年贷款利息均未偿还,遂于2009年12月31日进行债务重组,银行同意延长到期日至2012年12月31日,利率降至8%,免除积欠利息16万元,本金减至70万元,利息按年支付,但附有一条件:债务重组后,如甲公司自2010年起有盈利,则利率回复至10%,若无盈利,利率仍维持8%。债务重组协议于2009年12月31日签订。贷款银行已对该项贷款计提了2.5万元的贷款损失准备。假定实际利率等于名义利率。

甲公司(债务人)的账务处理如下。

①计算债务重组利得。

长期借款的账面余额		96万元
减:重组贷款的公允价值		70万元
或有应付金额	[700 000×(10%-8%)×3]	4.2万元
债务重组利得		21.8万元

②会计分录。

2009年12月31日债务重组时的会计分录。

借:长期借款　　960 000
　贷:长期借款——债务重组　　700 000
　　预计负债　　42 000
　　营业外收入——债务重组利得　　218 000

假设甲公司自债务重组后,2010 年起开始盈利,2010 年 12 月 31 日和 2011 年 12 月 31 日支付利息时,甲公司应按 10% 的利率支付利息,则每年需支付利息 7(7 = 70 × 10%)万元,其中含或有应付金额 1.4 万元。

借:财务费用　　56 000
　预计负债　　14 000
　贷:银行存款　　70 000

2012 年 12 月 31 日支付最后一次利息和本金时的会计分录。

借:长期借款——债务重组　　700 000
　财务费用　　56 000
　预计负债　　14 000
　贷:银行存款　　770 000

假设甲公司自债务重组后,2010 年起仍没有盈利,2010 年 12 月 31 日和 2011 年 12 月 31 日支付利息时的会计分录。

借:财务费用　　56 000
　贷:银行存款　　56 000

2012 年 12 月 31 日,假设或有应付金额待债务结清时一并结转,支付最后一次利息和本金时的会计分录。

借:长期借款——债务重组　　700 000
　财务费用　　56 000
　贷:银行存款　　756 000
借:预计负债　　42 000
　贷:营业外收入　　42 000

4.2.4 以上三种方式的组合

1. 债务人的会计处理

债务重组以现金、非现金资产、债务转为资本、修改其他债务条件等方式组合偿债,债务人应当依次以支付的现金、转让的非现金资产的公允价值、债权人因放弃债权而享有股权的公允价值冲减重组债务的账面价值或对修改其他债务条件的,应当将修改其他债务条件后债务的公允价值,作为重组后债务的入账价值。重组债务的账面价值与重组后债务的入账价值之间的差额,作为债务重组利得,计入营业外收入。修改后的债务条款如涉及或有应付金额,并且或有应付金额符合预计负债确认条件,债务人应将该或有应付金额确认为预计负债。重组债务的账面价值与重组后债务的入账价值和预计负债金额之和的差额,计入营业外收入。以上所产生的债务重组利得、资产转让损益等均于债务重组当期确认。

2. 债权人的会计处理

债务重组采用以现金、非现金资产、债务转为资本、修改其他债务条件等方式组合偿债,债权人应当依次以收到的现金、接受的非现金资产的公允价值、债权人因放弃债权而享有股权的公允价值冲减重组债权的账面余额,差额与将来应收金额比较,据此计算债务重组损失。债权人已对债权计提减值准备的,应当先将差额冲减减值准备,减值准备不足以冲减的部分,作为债务重组损失,计入营业外支出。以上产生的债务重组损失均于债务重组当期确认。

【例4.9】 2008年11月5日,乙公司销售一批零件给甲公司,含税价234万元,因甲公司发生财务困难,无法按合同约定按时偿还债务。2009年9月10日,甲、乙公司协商进行债务重组。重组协议如下:①乙公司同意甲公司用其存货抵偿所欠部分货款;②减免甲公司所负全部债务扣除实物抵债后剩余债务的30%,其余债务立即用银行存款偿还。其中:用于抵债产品的市价为80万元,增值税税率为17%,产品成本70万元。假定乙公司对该债权计提坏账准备2万元,不考虑其他相关税费。

要求:对甲、乙公司的债务重组业务进行会计处理。

(1)甲公司(债务人)的账务处理如下。

①计算债务重组后债务的公允价值。

债务重组后债务的公允价值 $=[2\ 340\ 000-800\ 000\times(1+17\%)]\times70\%$

$=982\ 800$(元)

②计算债务重组利得。

应付账款的账面价值	2 340 000 元
减:抵债资产的公允价值	800 000 元
增值税销项税额	136 000 元
重组后债务的公允价值	982 800 元
债务重组利得	421 200 元

③会计分录。

借:应付账款——乙公司	2 340 000	
贷:主营业务收入		800 000
应交税费——应交增值税(销项税额)		136 000
应付账款——债务重组		982 800
营业外收入——债务重组利得		421 200
借:主营业务成本	700 000	
贷:库存商品		700 000
借:营业外支出——处置非流动资产损失	56 500	
贷:固定资产清理		56 500

(2)乙公司(债权人)的账务处理如下。

①计算债务重组损失。

应收账款账面余额	2 340 000 元
减:受让资产的公允价值	800 000 元
增值税进项税额	136 000 元
重组后债权公允价值	982 800 元
已计提坏账准备	20 000 元
债务重组损失	401 200 元

②会计分录。

借:库存商品	800 000	
应交税费——应交增值税(进项税额)	136 000	
应收账款——债务重组	982 800	
坏账准备	20 000	
营业外支出——债务重组损失	401 200	
贷:应收账款——甲公司		2 340 000

试试看,你能行:

在上述例 4.9 中,假定经双方协商,重组协议如下:①乙公司同意甲公司用其固定资产抵偿所欠部分货款,该项设备的账面原价为 90 万元,已计提折旧 15 万元,设备的公允价值为 82 万元(假设企业转让该项设备不需要交纳增值税),②其他条件不变。

如果你是公司的会计人员,应怎样进行账务处理?试试吧。

知识链接

1. 本章主要介绍了以资产清偿债务、将债务转为资本、修改其他债务条件和以上三种方式组合的债务重组的会计处理。应关注的主要内容有:债务重组业务债权人的会计处理;债务重组业务债务人的会计处理。

2. 本章债务重组的会计处理涉及流动资产、非流动资产、流动负债、非流动负债等诸多会计科目,应注意"营业外支出——债务重组损失"和"营业外收入——债务重组利得"在债务重组业务中的运用。

3. 债务人应当在财务报表附注中披露与债务重组有关的下列信息:①债务重组方式;②确认的债务重组利得总额;③将债务转为资本所导致的股本(或者实收资本)增加额;④或有应付金额。债权人应当在财务报表附注中披露有关债务重组的下列信息:①债务重组方式;②确认的债务重组损失总额;③债权转为股份所导致的投资增加额及该投资占债务人股份总额的比例;④或有应收金额。

4. 学习本章,可以阅读和参考《企业会计准则第12号——债务重组》及其应用指南、《企业会计准则讲解(2008)》第十三章"债务重组"、《企业会计准则——应用指南》中的"会计科目和主要账务处理"等内容。

5

借款费用

学习要求

(1)掌握借款费用资本化金额的计算及其会计处理。

(2)掌握借款费用资本化期间的确定。

(3)熟悉借款费用的确认原则。

(4)了解借款费用的概念。

能力目标

结合本章内容的学习,学生应当掌握下列专业技能:

(1)能对借款费用进行准确分类并分析其构成;

(2)能够正确计算借款费用资本化的金额;

(3)能够正确对借款费用的相关业务进行会计处理。

学习指导

学习本章内容,要注意明确借款费用如何确认,充分理解借款费用开始资本化、暂停资本化和终止资本化的条件。重点把握哪些借款费用、在什么情况下、按照多少金额进行资本化,相关的计算公式要熟练地掌握,并有针对性地加强练习。

5.1 借款费用的确认

5.1.1 借款费用的概念

借款费用反映的是企业借入资金所付出的代价,是企业因借款而发生的利息及其他相关成本,包括借款利息、折价或者溢价的摊销、辅助费用以及因外币借款而发生的汇兑差额等。对于企业发生的权益性融资费用,不应包括在借款费用中。

【例5.1】 某企业发生了借款手续费5万元,发行公司债券佣金100万元,发行公司股票佣金200万元,借款利息10万元。

这其中借款手续费5万元,发行公司债券佣金100万元和借款利息10万元均属于借款费用。但是发行公司股票属于公司股权性融资性质,不属于借款范畴,则所发生的佣金不属于借款费用范畴,不应按照借款费用进行会计处理。

5.1.2 借款费用的确认原则

企业发生的借款费用,可直接归属于符合资本化条件资产的购建或者生产的,应当予以资本化,计入相关资产成本。符合资本化条件的资产包括:固定资产(在建工程)、投资性房地产、存货、建造合同成本、无形资产(符合资本化条件的开发支出)等,前提条件是这些资产必须是需要经过相当长时间的购建或者生产活动才能达到预定可使用或者可销售状态的资产。相当长时间通常为一年以上(含一年)。

除了应予资本化的借款费用之外,企业发生的其他借款费用,应当在发生时根据其发生额确认为财务费用,计入当期损益,并在利润表中反映。

【例5.2】 甲公司于2010年1月1日起,用银行借款开工建设一栋厂房,厂房于当年4月15日完工,达到预定可使用状态。

在本例中,尽管公司借款用于固定资产的建造,但是由于该固定资产建造时间较短,不属于需要经过相当长时间的购建才能达到预定可使用状态的资产,因此,所发生的相关借款费用不应予以资本化计入在建工程成本,而应当根据发生额计入当期财务费用。

【例5.3】 2009年,甲公司向银行借入资金分别用于生产A产品和B产品。其中,A产品的生产时间较短,为3个月;B产品属于大型发电设备,生产时间较长,为1年零4个月。

为存货生产而借入的借款费用在符合资本化条件的情况下应当予以资本化。本例中,由于A产品的生产时间较短,不符合需要经过相当长时间的生产才能达到预定可使用状态的资产,因此,为A产品的生产而借入资金所发生的借款费用不应计入A产品的生产成本,而应当计入当期财务费用;反之,B产品的生产时间比较长,属于需要经过相当长时间的生产才能达到预定可销售状态的资产,因此,符合资本化的条件,有关借款费用可以资本化,计入B产品的成本中。

5.1.3 借款费用资本化期间的确定

借款费用资本化期间的确定包括三个时间的确定，即借款费用开始资本化时点的确定、借款费用暂停资本化时间的确定和借款费用终止资本化时点的确定。

5.1.3.1 借款费用开始资本化时点的确定

借款费用允许开始资本化必须同时满足三个条件，即资产支出已经发生、借款费用已经发生、为使资产达到预定可使用或者可销售状态所必要的购建或者生产活动已经开始。

1."资产支出已经发生"的界定

"资产支出已经发生"，是指企业已经发生了支付现金、转移非现金资产或者承担带息债务形式的支出。

(1)支付现金，是指用货币资金支付符合资本化条件的资产的购建或者生产活动支出。

【例5.4】 某企业用现金或者银行存款购买为建造或者生产符合资本化条件的资产所需用材料、支付有关职工薪酬、向工程承包商支付工程进度款等，这些支出均属于资产支出。

(2)转移非现金资产，是指企业将自己的非现金资产直接用于符合资本化条件的资产的购建或者生产。

【例5.5】 某企业将自己生产的产品，包括自己生产的水泥、钢材等，用于符合资本化条件的资产的建造或者生产，企业同时还将自己生产的产品向其他企业换取用于符合资本化条件的资产的建造或者生产所需用的工程物资，这些产品成本均属于资产支出。

(3)承担带息债务，是指企业为了购建或者生产符合资本化条件的资产所需用物资等而承担的带息应付款项(如带息应付票据)。企业以赊购方式购买这些物资所产生的债务可能带息，也可能不带息。如果企业赊购这些物资承担的是不带息债务，就不应当将购买价款计入资产支出，因为该债务在偿付前不需要承担利息，也没有占用借款资金；企业只有等到实际偿付债务发生了资源流出时，才能将其作为资产支出。如果企业赊购物资承担的是带息债务，则企业要为这笔债务付出代价，支付利息，与企业向银行借入款项用以支付资产支出在性质上是一致的。所以，企业为购建或者生产符合资本化条件的资产而承担的带息债务应当作为资产支出，当该带息债务发生时，视同资产支出已经发生。

【例5.6】 某企业因建设长期工程所需，于2010年3月1日购入一批工程用物资，开出一张50万元的带息银行承兑汇票，期限为6个月，票面年利率为6%。对于该事项，企业尽管没有为工程建设的目的直接支付现金，但承担了带息债务，所以应当将50万元的购买工程用物资款作为资产支出，自3月1日开出承兑汇票开始即表明资产支出已经发生。

2.“借款费用已经发生”的界定

“借款费用已经发生”,是指企业已经发生了因购建或者生产符合资本化条件的资产而专门借入款项的借款费用或者占用一般借款的借款费用。

【例5.7】 某企业于2010年1月1日为建造一幢建设期为2年的住宅楼从银行专门借入款项3 000万元,当日开始计息。在2010年1月1日即应当认为借款费用已经发生。

3.“为使资产达到预定可使用或者可销售状态所必要的购建或者生产活动已经开始”的界定

“为使资产达到预定可使用或者可销售状态所必要的购建或者生产活动已经开始”,是指符合资本化条件的资产的实体建造或者生产工作已经开始。例如,主体设备的安装、厂房的实际开工建造等。它不包括仅仅持有资产,但没有发生为改变资产形态而进行的实体建造或者生产活动。

【例5.8】 某企业为了建设写字楼购置了建筑用地,但是尚未开工兴建房屋,有关房屋实体建造活动也没有开始,在这种情况下即使企业为了购置建筑用地已经发生了支出,也不应当将其认为是为使资产达到预定可使用状态所必要的购建活动已经开始。

企业只有在上述三个条件同时满足的情况下,有关借款费用才可开始资本化,只要其中有一个条件没有满足,借款费用就不能开始资本化。

【例5.9】 某企业专门借入款项建造某符合资本化条件的固定资产,相关借款费用已经发生,同时固定资产的实体建造工作也已开始,但为固定资产建造所需物资等都是赊购或者客户垫付的(且所形成的负债均为不带息负债),发生的相关薪酬等费用也尚未形成现金流出。

在这种情况下,固定资产建造本身并没有占用借款资金,没有发生资产支出,该事项只满足借款费用开始资本化的第二、三个条件,没有满足第一个条件。所以,所发生的借款费用不应予以资本化。

【例5.10】 某企业为了建造一项符合资本化条件的固定资产,使用自有资金购置了工程物资,该固定资产也已经开始动工兴建,但专门借款资金尚未到位,也没有占用一般借款资金。

在这种情况下,企业尽管满足了借款费用开始资本化的第一、三个条件,但是不符合借款费用开始资本化的第二个条件,因此不允许开始借款费用的资本化。

【例5.11】 某企业为了建造某一项符合资本化条件的厂房,已经使用银行存款购置了水泥、钢材等,发生了资产支出,相关借款也已开始计息,但是厂房因各种原因迟迟未能开工兴建。

在这种情况下,企业尽管符合了借款费用开始资本化的第一、二个条件,但不符合借款费用开始资本化的第三个条件,因此所发生的借款费用不允许资本化。

5.1.3.2 借款费用暂停资本化时间的确定

符合资本化条件的资产在购建或者生产过程中发生非正常中断且中断时间连续超过3个月的,应当暂停借款费用的资本化。中断的原因必须是非正常中断,属于正常中断的,相关借款费用仍可资本化。

【例5.12】 某企业于2010年1月1日利用专门借款开工兴建一栋办公楼,支出已经发生,因此借款费用从当日起开始资本化。工程预计于2012年3月完工。2010年5月15日,由于工程施工发生了安全事故,导致工程中断,直到9月10日才复工。

该中断就属于非正常中断,因此,上述专门借款在5月15日至9月10日间所发生的借款费用不应资本化,而应作为财务费用计入当期损益。

非正常中断,通常是由于企业管理决策上的原因或者其他不可预见的原因等所导致的中断。比如,企业因与施工方发生了质量纠纷,或者工程、生产用料没有及时供应,或者资金周转发生了困难,或者施工、生产发生了安全事故,或者发生了与资产购建、生产有关的劳动纠纷等,导致资产购建或者生产活动发生中断,均属于非正常中断。

非正常中断与正常中断显著不同。正常中断通常仅限于因购建或者生产符合资本化条件的资产达到预定可使用或者可销售状态所必要的程序,或者事先可预见的不可抗力因素导致的中断。比如,某些工程建造到一定阶段必须暂停下来进行质量或者安全检查,检查通过后才可继续下一阶段的建造工作,这类中断是在施工前可以预见的,而且是工程建造必须经过的程序,属于正常中断;某些地区的工程在建造过程中,由于可预见的不可抗力因素(如雨季或冰冻季节等原因)导致施工出现停顿,也属于正常中断。

【例5.13】 某企业在北方某地建造某工程期间,遇上冰冻季节(通常为6个月),工程施工因此中断,待冰冻季节过后方能继续施工。

由于该地区在施工期间出现较长时间的冰冻为正常情况,由此导致的施工中断是可预见的不可抗力因素导致的中断,属于正常中断。在正常中断期间所发生的借款费用可以继续资本化,计入相关资产的成本。

5.1.3.3 借款费用停止资本化时点的确定

购建或者生产符合资本化条件的资产达到预定可使用或者可销售状态时,借款费用应当停止资本化。在符合资本化条件的资产达到预定可使用或者可销售状态之后所发生的借款费用,应当在发生时根据其发生额确认为费用,计入当期损益。

如果所购建或者生产的资产分别建造、分别完工,企业应当区别以下情况界定借款费用停止资本化的时点。

(1)如果企业购建或者生产的符合资本化条件的资产的各部分分别完工,每部分在其他部分继续建造或者生产过程中可供使用或者可对外销售,且为使该部分资产达到预定可使用或可销售状态所必要的购建或者生产活动实质上已经完成,应当停止与该部分资产相关的借款费用的资本化,因为该部分资产已经达到了预定可使用或者可销售状态。

【例5.14】 某企业利用借入资金建造由若干栋厂房组成的生产车间,每栋厂房完工时间不一样,但每栋厂房在其他厂房继续建造期间均可单独使用。

在这种情况下,当其中的一栋厂房完工并达到预定可使用状态时,企业应当停止该栋厂房相关借款费用的资本化。

【例5.15】 甲公司借入一笔款项,于2010年2月1日采用出包方式开工兴建一栋办公楼。2011年10月10日工程全部完工,达到合同要求。10月30日工程验收合格,11月15日办理工程竣工结算,11月20日完成全部资产移交手续,12月1日办公楼正式投入使用。

在本例中,企业应当将2011年10月10日确定为工程达到预定可使用状态的时点,作为借款费用停止资本化的时点。后续的工程验收日、竣工结算日、资产移交日和投入使用日均不应作为借款费用停止资本化的时点,否则会导致资产价值和利润的高估。

(2)如果企业购建或者生产的符合资本化条件的资产的各部分分别完工,但必须等到整体完工后才可使用或者对外销售的,应当在该资产整体完工时停止借款费用的资本化。在这种情况下,即使各部分资产已经完工,也不能够认为该部分资产已经达到了预定可使用或者可销售状态,企业只能在所购建固定资产整体完工时,才能认为资产已经达到了预定可使用或者可销售状态,借款费用方可停止资本化。

【例5.16】 某企业在建设某一涉及数项工程的钢铁冶炼项目时,每个单项工程都是根据各道冶炼工序设计建造的,因此只有在每项工程都建造完毕后,整个冶炼项目才能正式运转,达到生产和设计要求。所以每一个单项工程完工后不应认为资产已经达到了预定可使用状态,企业只有等到整个冶炼项目全部完工,达到预定可使用状态时,才停止借款费用的资本化。

5.2 借款费用的计量

5.2.1 借款利息资本化金额的确定

在借款费用资本化期间内,每一会计期间的利息(包括折价或溢价的摊销,下同)资本化金额,应当按照下列原则确定。

(1)为购建或者生产符合资本化条件的资产而借入专门借款的,应当以专门借款当期实际发生的利息费用减去将尚未动用的借款资金存入银行取得的利息收入或进行暂时性投资取得的投资收益后的金额确定。

试试看,你能行:

A公司为建造厂房于2010年4月1日从银行借入2 000万元专门借款,借款期限为2年,年利率为6%,不考虑借款手续费。该项专门借款在银行的存款利率为年利率3%,2010年7月1日,A公司采取出包方式委托B公司为其建造该厂房,并预付了1 000万元工程款,厂房实体建造工作于当日开始。该工程因发生施工安全事故在2010年8月1日至11月30日中断施工,12月1日恢复正常施工,至年末工程尚未完工。该项厂房建造工程在2010年度应予资本化的利息金额为(　　)万元。

A.20　　B.45　　C.60　　D.15

(2)为购建或者生产符合资本化条件的资产而占用了一般借款的,企业应当根据累计资产支出超过专门借款部分的资产支出加权平均数乘以所占用一般借款的资本化率,计算确定一般借款应予资本化的利息金额。资本化率应当根据一般借款加权平均利率计算确定。即企业占用一般借款购建或者生产符合资本化条件的资产时,一般借款的借款费用的资本化金额的确定应当与资产支出相挂钩。有关计算公式如下:

一般借款利息费用资本化金额=累计资产支出超过专门借款部分的资产支出加权平均数×所占用一般借款的资本化率

其中:

累计资产支出超过专门借款部分的资产支出加权平均数=Σ(所占用每笔一般借款发生资产支出×每笔资产支出在当期所占用的天数÷当期天数)

所占用一般借款的资本化率=所占用一般借款加权平均利率=所占用一般借款当期实际发生的利息之和÷所占用一般借款本金加权平均数

所占用一般借款本金加权平均数=Σ(所占用每笔一般借款本金×每笔一般借款在当期所占用的天数÷当期天数)

(3)借款存在折价或者溢价的,应当按照实际利率法确定每一会计期间应摊销的折价或者溢价金额,调整每期利息金额。在资本化期间,每一会计期间的利息资本化金额不应当超过当期相关借款实际发生的利息金额。

试试看,你能行:

甲公司为股份有限公司,2009年7月1日为新建生产车间而向商业银行借入专门借款2 000万元,年利率为4%,款项已存入银行。至2009年12月31日,因建筑地面上建筑物的拆迁补偿问题尚未解决,建筑地面上原建筑物尚未开始拆迁;该项借款存入银行所获得的利息收入为19.8万元。甲公司2009年就上述借款应予以资本化的利息为(　　)万元。

A.0　　B.0.2　　C.20.2　　D.40

【例5.17】 甲公司于2009年1月1日正式动工兴建一栋办公楼,工期预计为1年零6个月,工程采用出包方式,分别于2009年1月1日、2009年7月1日和2010

年1月1日支付工程的进度款。办公楼于2010年6月30日完工,达到预定可使用状态。

公司为建造办公楼于2009年1月1日专门借款2 000万元,借款期限为3年,年利率为8%。另外,在2009年7月1日又专门借款4 000万元,借款期限为5年,年利率为10%。借款利息按年支付。

闲置借款资金均用于固定收益债券短期投资,该短期投资月收益率为0.5%。

公司为建造该办公楼的支出金额,如表5.1所示。

表5.1 建造支出一览表

单位:万元

日期	每期资产支出金额	资产支出累计金额	闲置借款资金用于短期投资金额
2009年1月1日	1 500	1 500	500
2009年7月1日	2 500	4 000	2 000
2010年1月1日	1 500	5 500	500
总计	5 500		-3 000

由于甲公司使用了专门借款建造办公楼,而且办公楼建造支出没有超过专门借款金额,因此公司2009年、2010年为建造办公楼应予资本化的利息金额计算如下。

(1)确定借款费用资本化期间为2009年1月1日~2010年6月30日。

(2)计算在资本化期间内专门借款实际发生的利息金额。

2009年专门借款发生的利息金额 = 2 000 × 8% + 4 000 × 10% × 6 ÷ 12
= 360(万元)

2010年1月1日~6月30日专门借款发生的利息金额 = 2 000 × 8% × 6 ÷ 12 + 4 000 × 10% × 6 ÷ 12 = 280(万元)

(3)计算在资本化期间内利用闲置的专门借款资金进行短期投资的收益。

2009年短期投资收益 = 500 × 0.5% × 6 + 2 000 × 0.5% × 6 = 75(万元)

2010年1月1日~6月30日短期投资收益 = 500 × 0.5% × 6 = 15(万元)

(4)在资本化期间内,专门借款利息费用的资本化金额应当以其实际发生的利息费用减去将闲置的借款资金进行短期投资取得的投资收益后的金额确定。

公司2009年的利息资本化金额 = 360 - 75 = 285(万元)

公司2010年的利息资本化金额 = 280 - 15 = 265(万元)

有关账务处理如下。

2009年12月31日的会计分录。

借:在建工程　　2 850 000

　应收利息(或银行存款)　　750 000

　贷:应付利息　　3 600 000

2010年6月30日的会计分录。

借:在建工程　　2 650 000

　应收利息(或银行存款)　　150 000

　贷:应付利息　　2 800 000

【例 5.18】 沿用例 5.17,假定甲公司建造办公楼没有专门借款,占用的都是一般借款。

甲公司为建造办公楼占用的一般借款有两笔,具体如下:

(1)向 A 银行长期贷款 2 000 万元,期限为 2007 年 12 月 1 日至 2010 年 12 月 1 日,年利率为 6%,按年支付利息;

(2)发行公司债券 1 亿元,于 2007 年 1 月 1 日发行,期限为 5 年,年利率为 8%,按年支付利息。

假定这两笔一般借款除了用于办公楼建设外,没有用于其他符合资本化条件的资产的购建或者生产活动。假定全年按 360 天计算,其他资料同例 5.17。

鉴于甲公司建造办公楼没有占用专门借款,而占用了一般借款,因此,公司应当首先计算所占用一般借款的加权平均利率作为资本化率,然后计算建造办公楼的累计资产支出加权平均数,将其与资本化率相乘,计算求得当期应予资本化的借款利息金额,具体如下。

(1)计算所占用一般借款资本化率。

一般借款资本化率(年) = (2 000 × 6% + 10 000 × 8%) ÷ (2 000 + 10 000)
= 7.67%

(2)计算累计资产支出加权平均数。

2009 年累计资产支出加权平均数 = 1 500 × 360 ÷ 360 + 2 500 × 180 ÷ 360
= 2 750(万元)

2010 年累计资产支出加权平均数 = (4 000 + 1 500) × 180 ÷ 360 = 2 750(万元)

(3)计算每期利息资本化金额。

2009 年为建造办公楼的利息资本化金额 = 2 750 × 7.67% = 210.93(万元)

2009 年实际发生的一般借款利息费用 = 2 000 × 6% + 10 000 × 8% = 920(万元)

2010 年为建造办公楼的利息资本化金额 = 2 750 × 7.67% = 210.93(万元)

2010 年 1 月 1 日 ~ 6 月 30 日实际发生的一般借款利息费用 = 2 000 × 6% × 180 ÷ 360 + 10 000 × 8% × 180 ÷ 360 = 460(万元)

上述计算的利息资本化金额没有超过两笔一般借款实际发生的利息费用,可以资本化。

(4)根据上述计算结果,账务处理如下。

2009 年 12 月 31 日的会计分录。

借:在建工程　　2 109 300

　财务费用　　7 090 700

　贷:应付利息　　9 200 000

2010 年 6 月 30 日的会计分录。

借:在建工程　　　　　　　　　　　　　　　2 109 300

　财务费用　　　　　　　　　　　　　　　2 490 700

　贷:应付利息　　　　　　　　　　　　　　　4 600 000

【例 5.19】 沿用例 5.17、例 5.18,假定甲公司为建造办公楼于 2009 年 1 月 1 日专门借款 2 000 万元,借款期限为 3 年,年利率为 8%。除此之外,没有其他专门借款。在办公楼建造过程中所占用的一般借款仍为两笔,一般借款有关资料同例 5.18。其他相关资料均同例 5.17 和例 5.18。

在这种情况下,公司应当首先计算专门借款利息的资本化金额,然后计算所占用一般借款利息的资本化金额,具体如下。

(1)计算专门借款利息资本化金额。

2009 年专门借款利息资本化金额 = 2000 × 8% - 500 × 0.5% × 6 = 145(万元)

2010 年专门借款利息资本化金额 = 2 006 × 8% × 180 ÷ 360 = 80(万元)

(2)计算一般借款资本化金额。

在建造办公楼过程中,自 2009 年 7 月 1 日起已经有 2 000 万元占用了一般借款,另外,2010 年 1 月 1 日支出的 1 500 万元也占用了一般借款。

计算这两笔资产支出的加权平均数如下:

2007 年占用了一般借款的资产支出加权平均数 = 2 000 × 180 ÷ 360

= 1 000(万元)

由于一般借款利息资本化率与例 18 相同,即为 7.67%。所以:

2009 年应予资本化的一般借款利息金额 = 1 000 × 7.67% = 76.70(万元)

2010 年占用了一般借款的资产支出加权平均数 = (2 000 + 1 500) × 180 ÷ 360

= 1 750(万元)

则 2010 年应予资本化的一般借款利息金额 = 1 750 × 7.67% = 134.23(万元)

(3)根据上述计算结果,公司建造办公楼应予资本化的利息金额如下。

2009 年利息资本化金额 = 145 + 76.70 = 221.70(万元)

2010 年利息资本化金额 = 80 + 134.23 = 214.23(万元)

(4)根据上述计算结果,账务处理如下。

2009 年 12 月 31 日的会计分录。

借:在建工程　　　　　　　　　　　　　　　2 217 000

　贷:应付利息　　　　　　　　　　　　　　　2 217 000

2010 年 6 月 30 日的会计分录。

借:在建工程　　　　　　　　　　　　　　　2 142 300

　贷:应付利息　　　　　　　　　　　　　　　2 142 300

上述处理中,每期实际发生的利息金额超过资本化金额的部分应当计入当期损益,借记“财务费用”科目,贷记“应付利息”科目。

5.2.2 借款辅助费用资本化金额的确定

专门借款发生的辅助费用,在所购建或者生产的符合资本化条件的资产达到预定可使用或者可销售状态之前发生的,应当在发生时根据其发生额予以资本化,计入符合资本化条件的资产的成本;在所购建或者生产的符合资本化条件的资产达到预定可使用或者可销售状态之后发生的,应当在发生时根据其发生额确认为费用,计入当期损益。上述资本化或计入当期损益的辅助费用的发生额,是指根据《企业会计准则第22号——金融工具确认和计量》,按照实际利率法所确定的金融负债交易费用对每期利息费用的调整额。借款实际利率与合同利率差异较小的,也可以采用合同利率计算确定利息费用。

一般借款发生的辅助费用,也应当按照上述原则确定其发生额并进行处理。

为购建或者生产符合资本化条件的资产的专门借款或者一般借款,通常都属于除以公允价值计量且其变动计入当期损益的金融负债之外的其他金融负债。因此对于这些金融负债所发生的辅助费用需要计入借款的初始确认金额,即抵减相关借款的初始金额,从而影响以后各期实际利息的计算。换句话说,由于辅助费用的发生将导致相关借款实际利率的上升,从而需要对各期利息费用作相应调整,在确定借款辅助费用资本化金额时可以结合借款利息资本化金额一起计算。

5.2.3 因外币借款而发生的汇兑差额资本化金额的确定

当企业为购建或者生产符合资本化条件的资产所借入的专门借款为外币借款时,由于企业取得外币借款日、使用外币借款日和会计结算日往往并不一致,而外汇汇率又在随时发生变化,因此,外币借款会产生汇兑差额。相应地,在借款费用资本化期间内,为购建固定资产而专门借入的外币借款所产生的汇兑差额,应当予以资本化,计入固定资产成本。出于简化核算的考虑,在资本化期间内,外币专门借款本金及其利息的汇兑差额,应当予以资本化,计入符合资本化条件的资产的成本。而除外币专门借款之外的其他外币借款本金及其利息所产生的汇兑差额应当作为财务费用,计入当期损益。

【例5.20】 甲公司于2009年1月1日,为建造某工程项目专门以面值发行美元公司债券1 000万元,年利率为8%,期限为3年,假定不考虑与发行债券有关的辅助费用、未支出专门借款的利息收入或投资收益。合同约定,每年1月1日支付上年利息,到期还本。工程于2009年1月1日开始实体建造,2010年6月30日完工,达到预定可使用状态,期间发生的资产支出如下:2009年1月1日,支出200万美元;2009年7月1日,支出500万美元;2010年1月1日,支出300万美元。

公司的记账本位币为人民币,外币业务采用外币业务发生时当日的市场汇率折算。相关汇率如下:

2009年1月1日,市场汇率为1美元=7.70元人民币;

2009年12月31日,市场汇率为1美元=7.75元人民币;

2010 年 1 月 1 日,市场汇率为 1 美元 =7.77 元人民币;

2010 年 6 月 30 日,市场汇率为 1 美元 =7.80 元人民币。

本例中,公司计算外币借款汇兑差额资本化金额如下。

(1)计算 2009 年汇兑差额资本化金额。

①债券应付利息 =1 000 ×8% ×7.75 =80 ×7.75 =620(万元)。账务处理为

借:在建工程　　6 200 000

　贷:应付利息　　6 200 000

②外币债券本金及利息汇兑差额 =1 000 ×(7.75 −7.70) +80 ×(7.75 −7.75) =50(万元)。账务处理为

借:在建工程　　500 000

　贷:应付债券　　500 000

(2)2010 年 1 月 1 日实际支付利息时,应当支付 80 万美元,折算成人民币为 621.60 万元。该金额与原账面金额 620 万元之间的差额 1.60 万元应当继续予以资本化,计入在建工程成本。账务处理为

借:应付利息　　6 200 000

　在建工程　　16 000

　贷:银行存款　　6 216 000

(3)计算 2010 年 6 月 30 日时的汇兑差额资本化金额。

①债券应付利息 =1 000 ×8% ×1 ÷2 ×7.80 =40 ×7.80 =312(万元)。账务处理为

借:在建工程　　3 120 000

　贷:应付利息　　3 120 000

②外币债券本金及利息汇兑差额 =1 000 ×(7.80 −7.75) +40 ×(7.80 −7.80) =50(万元)。账务处理为

借:在建工程　　500 000

　贷:应付债券　　500 000

知识链接

1. 本章主要介绍了借款费用的确认、计量。本章应重点关注的问题包括:借款费用的概念及其范围;借款费用开始资本化、暂停资本化和终止资本化的条件;借款费用资本化金额的计算。

2. 予以资本化的借款费用,计入相关资产成本,包括固定资产(在建工程)、投资性房地产、存货、建造合同成本、无形资产(符合资本化条件的开发支出)等,并在资产负债表相关项目中列示。

除了应予资本化的借款费用之外,企业发生的其他借款费用,应当在发生时根据

其发生额确认为财务费用，并在利润表中反映。

以上相关项目的列示，可以学习、参考《初级企业财务会计》第12.2节“资产负债表”、第12.3节“利润表”的有关内容。

3. 企业应当在财务报表附注中披露与借款费用有关的下列信息：①当期资本化的借款费用金额；②当期用于计算确定借款费用资本化金额的资本化率。

4. 学习本章内容，可以阅读和参考《企业会计准则第17号——借款费用》及其应用指南、《企业会计准则讲解(2008)》第十八章“借款费用”、《企业会计准则——应用指南》中的“会计科目和主要账务处理”等内容。

6

所得税

学习要求

(1)理解资产负债表债务法的含义,了解所得税会计核算的一般程序。

(2)掌握资产计税基础的确定。

(3)掌握负债计税基础的确定。

(4)理解暂时性差异的含义,准确区分暂时性差异的类别,掌握应纳税暂时性差异与可抵扣暂时性差异的确定。

(5)掌握递延所得税资产和递延所得税负债的确认与计量。

(6)掌握所得税费用的确认与计量。

能力目标

结合本章内容的学习,应当掌握下列专业技能:

(1)理解资产负债表债务法、计税基础和暂时性差异的含义,理解所得税会计的基本内容、基本理论和方法;

(2)熟悉所得税会计科目的设置及所得税核算的步骤;

(3)熟悉所得税会计的基本核算程序,包括确定资产和负债的账面价值、确定资产和负债的计税基础、比较账面价值与计税基础并确定暂时性差异,确认递延所得税资产及负债、确定利润表中的所得税费用;

(4)能够正确计算应纳税所得额、当期所得税、递延所得税资产、递延所得税负债、所得税费用等,并作出会计处理。

学习指导

(1)学习本章内容,应结合《企业会计准则第18号——所得税》及其应用指南,《企业会计准则讲解(2008)》第十九章"所得税"等,从理论上理解计税基础、暂时性差异、递延所得税资产与递延所得税负债。

(2)通过分析、比较资产和负债的账面价值与计税基础,归纳总结如何确定暂时性差异。

(3)为了掌握和运用各种计算公式,正确、熟练地进行所得税会计处理,必须加强理解,反复练习。

(4)对于递延所得税资产和递延所得税负债,明确其在资产负债表中如何列示。

(5)明确所得税费用在利润表中如何列示。

6.1 所得税会计概述

所得税会计是从资产负债表出发,通过比较资产负债表上列示的资产、负债,按照企业会计准则规定确定账面价值与按照税法规定确定计税基础,对于两者之间的差异分应纳税暂时性差异与可抵扣暂时性差异,确认相关的递延所得税负债与递延所得税资产,并在此基础上确定每一期间利润表中的所得税费用。《企业会计准则第18号——所得税》规定,企业应采用资产负债表债务法核算所得税。

6.1.1 资产负债表债务法

资产负债表债务法较为完整地体现了资产负债观,在所得税的会计核算方面贯彻了资产、负债的界定。从资产负债表角度来看,资产的账面价值代表的是企业在持续持有及最终处置某项资产的一定期间内,该项资产为企业带来的未来经济利益;而其计税基础代表的是在这一期间内,就该项资产按照税法规定可以税前扣除的金额。一项资产的账面价值小于其计税基础,表明该项资产于未来期间产生的经济利益流入低于按照税法规定允许税前扣除的金额,产生可抵扣未来期间的应纳税所得额的因素,减少未来期间以应交所得税方式流出企业的经济利益,应确认为资产;反之,一项资产的账面价值大于其计税基础,两者之间的差额将会于未来期间产生应税金额,增加未来期间的应纳税所得额及应交所得税,对企业形成经济利益流出的义务,应确认为负债。

6.1.2 所得税会计核算的一般程序

在采用资产负债表债务法核算所得税的情况下,企业一般应于每一资产负债表日进行所得税的核算;发生企业合并等特殊交易或事项,在确认因交易或事项产生的资产、负债时,应确认相关的所得税影响。企业进行所得税会计核算一般应遵循以下程序。

(1)按照相关企业会计准则规定,确定资产负债表中除递延所得税资产和递延所得税负债以外的其他资产和负债项目的账面价值。其中,资产和负债项目的账面价值,是指企业按照会计准则的相关规定进行核算后在资产负债表中列示的金额。

(2)按照资产和负债计税基础的确定方法,以适用的税收法规为基础,确定资产负债表中有关资产、负债项目的计税基础。

(3)比较资产、负债的账面价值与其计税基础,对于两者之间存在差异的,分析其性质,除准则中规定的特殊情况外,分应纳税暂时性差异与可抵扣暂时性差异,确定该资产负债表日递延所得税负债和递延所得税资产的应有金额,并将该金额与期初递延所得税负债和递延所得税资产的余额相比,确定当期应予进一步确认的递延所得税负债和递延所得税资产的金额或应予转销的金额,作为构成利润表中所得税费用的一个组成部分——递延所得税。

(4)按照适用的税法规定计算确定当期应纳税所得额,将应纳税所得额与适用的所得税税率计算的结果确认为当期应交所得税,作为构成利润表中所得税费用的另外一个组成部分——当期所得税。

(5)确定利润表中的所得税费用。利润表中的所得税费用包括当期所得税(当期应交所得税)和递延所得税两个组成部分,企业在计算确定了当期所得税和递延所得税后,两者之和(或之差)是利润表中的所得税费用。

6.2 资产、负债的暂时性差异和计税基础

6.2.1 暂时性差异

暂时性差异,是指资产或负债的账面价值与其计税基础之间的差额。其中,账面价值是指按照企业会计准则规定确定的有关资产、负债在企业资产负债表上应列示的金额。此外,某些不符合资产、负债的确认条件,未作为财务会计报告中资产、负债列示的项目,如果按照税法规定可以确定其计税基础,该计税基础与其账面价值之间的差额也属于暂时性差异。

根据暂时性差异对未来期间应税金额影响的不同,暂时性差异分为应纳税暂时性差异和可抵扣暂时性差异。

6.2.1.1 应纳税暂时性差异

应纳税暂时性差异,是指在确定未来收回资产或清偿负债期间的应纳税所得额时,将导致产生应税金额的暂时性差异。该差异在未来期间转回时,会增加转回期间的应纳税所得额,即在未来期间不考虑该事项影响的应纳税所得额的基础上,由于该暂时性差异的转回,会进一步增加转回期间的应纳税所得额和应交所得税金额。在应纳税暂时性差异产生当期,应当确认相关的递延所得税负债。

应纳税暂时性差异通常产生于以下情况。

1. 资产的账面价值大于其计税基础

一项资产的账面价值代表的是企业在持续使用或最终出售该项资产时将会取得的经济利益的总额，而计税基础代表的是一项资产在未来期间可予税前扣除的总金额。资产的账面价值大于其计税基础，该项资产未来期间产生的经济利益不能全部税前抵扣，两者之间的差额需要交税，产生应纳税暂时性差异。

【例6.1】 A公司2009年末长期股权投资账面余额为500万元，其中原始投资成本为450万元，按权益法确认的投资收益50万元，没有计提减值准备。按税法规定，可以在税前抵扣的是初始投资成本，即450万元。

本例中，长期股权投资的账面价值为500万元，计税基础为450万元，资产的账面价值大于其计税基础，两者之间的差额50万元形成应纳税暂时性差异。

2. 负债的账面价值小于其计税基础

一项负债的账面价值代表的是企业在未来期间清偿该债务时的经济利益的流出，而其计税基础代表的是账面价值在扣除税法规定未来期间允许税前扣除的金额之后的余额。因负债的账面价值与其计税基础不同产生的暂时性差异，实质上是税法规定就该项负债在未来期间可予税前扣除的金额（即与该负债相关的费用支出在未来期间可予税前扣除的金额）。负债的账面价值小于其计税基础，则意味着该项负债在未来期间可税前扣除的金额为负数，即应在未来期间应纳税所得额的基础上调增，增加应纳税所得额和应交所得税金额，产生应纳税暂时性差异。

试试看，你能行：

应纳税暂时性差异将导致在销售或使用资产或偿还负债的未来期间内减少应纳税所得额，这种说法对吗？请说明理由。

6.2.1.2 可抵扣暂时性差异

可抵扣暂时性差异，是指在确定未来收回资产或清偿负债期间的应纳税所得额时，将导致产生可抵扣金额的暂时性差异。该差异在未来期间转回时，会减少转回期间的应纳税所得额，减少未来期间的应交所得税。在可抵扣暂时性差异产生当期，应当确认相关的递延所得税资产。

可抵扣暂时性差异一般产生于以下情况。

1. 资产的账面价值小于其计税基础

资产的账面价值小于其计税基础，意味着某项资产未来期间按税法规定可税前扣除的金额大于其账面价值，其差额会抵减未来期间应纳税所得额和应交所得税，产生可抵扣暂时性差异。

【例6.2】 A公司2009年末存货账面余额200万元，已计提存货跌价准备20万元，则存货账面价值为180万元；存货在出售时按历史成本可以抵税200万元，其计税基础为200万元。

本例中，存货账面价值180万元小于其计税基础200万元，则企业在未来期间就该项资产可以在其自身取得经济利益的基础上多扣除20万元,未来期间应纳税所得额会减少,应交所得税也会减少,形成可抵扣暂时性差异。

2. 负债的账面价值大于其计税基础

负债产生的暂时性差异实质上是税法规定该项负债可以在未来期间税前扣除的金额。一项负债的账面价值大于其计税基础,意味着未来期间按照税法规定构成负债的全部或部分金额可以从未来应税经济利益中扣除,减少未来期间的应纳税所得额和应交所得税,产生可抵扣暂时性差异。

【例6.3】 A公司2009年预计负债账面金额为120万元(预提产品保修费用),按照税法规定,产品保修费用只有在实际支付时可以税前扣除,该预计负债计税基础为零(负债账面价值120万元－其在未来期间计算应税利润时可予抵扣的金额120万元=0)。

本例中,预计负债账面价值120万元与计税基础零之间形成120万元的暂时性差异,该项暂时性差异可以减少未来期间的应纳税所得额和应交所得税,形成可抵扣暂时性差异。

6.2.1.3 特殊项目产生的暂时性差异

1. 未作为资产、负债确认的项目产生的暂时性差异

某些交易或事项发生以后,因不符合资产、负债的确认条件而未体现为资产负债表中的资产或负债,但税法规定能够确定其计税基础,其账面价值零与计税基础之间的差异也构成暂时性差异。

【例6.4】 A公司在2009年发生了1 500万元广告费支出,发生时已作为销售费用计入当期损益。税法规定,该类支出不超过当年销售收入15%的部分允许当期税前扣除,超过部分允许向以后年度结转税前扣除。A公司2009年实现销售收入8 000万元。

本例中,该广告费支出因按照会计准则规定在发生时已计入当期损益,不体现为期末资产负债表中的资产,如果将其视为资产,其账面价值为零。因按照税法规定,该类支出税前列示有一定的标准限制,根据当期A公司销售收入15%计算,当期可予税前扣除1 200(1 200=8 000×15%)万元,当期未予税前扣除的300万元可以向以后年度结转,其计税基础为300万元。

该项资产的账面价值零与其计税基础300万元之间产生了300万元的暂时性差异,该暂时性差异在未来期间可减少企业的应纳税所得额,形成可抵扣暂时性差异,符合确认条件时,应确认相关的递延所得税资产。

2. 可抵扣亏损及税款抵减产生的暂时性差异

对于按照税法规定可以结转以后年度的未弥补亏损及税款抵减,虽不是因资产、负债的账面价值与计税基础不同产生的,但本质上可抵扣亏损和税款抵减与可抵扣暂时性差异具有同样的作用,均能够减少未来期间的应纳税所得额,进而减少未来期间的应交所得税,在会计处理上视同可抵扣暂时性差异,符合条件的情况下,应确认

与其相关的递延所得税资产。

【例6.5】 2009年A公司因政策性原因发生经营亏损1 000万元，按税法规定，该亏损可用于抵减以后5个年度的应纳税所得额。假定该公司预计在未来5年期间能够产生足够的应纳税所得额可弥补该亏损。

本例中，虽然该亏损不是因资产、负债的账面价值与计税基础不同产生的，但从其性质上看可以减少未来期间的应纳税所得额和应交所得税，视同可抵扣暂时性差异。A公司预计未来5年期间能够产生足够的应纳税所得额可弥补以前年度亏损时，应确认相应的递延所得税资产。

6.2.2 资产的计税基础

资产的计税基础，是指企业收回资产账面价值的过程中，计算应纳税所得额时按照税法规定可以自应税经济利益中抵扣的金额，即某一项资产在未来期间计税时可以税前扣除的金额。

资产在初始确认时，其计税基础一般为取得成本，即企业为取得某项资产支付的成本在未来期间准予税前扣除。在资产持续持有期间，其计税基础是指资产的取得成本减去以前期间按照税法规定已经在税前扣除的金额后的余额。该余额是指该资产在未来期间计税时仍然可以税前扣除的金额。如固定资产和无形资产持有期间某一资产负债表日的计税基础，是指取得时的成本减去按照税法规定已在以前期间税前扣除的累计折旧或累计摊销后的金额。

6.2.2.1 固定资产

固定资产在初始确认时，按照会计准则规定确定的入账价值在未来期间计算应纳税所得额前一般都是可以扣除，即取得时的账面价值一般等于计税基础。

固定资产在持有期间进行后续计量时，会计准则规定其账面价值按照“成本 - 会计累计折旧 - 固定资产减值准备”进行计量，税收是按照“成本 - 税法累计折旧”进行计量。由于会计与税收处理的不同，固定资产账面价值与计税基础的差异主要产生于折旧方法、折旧年限的不同以及固定资产减值准备的提取。

1. 因折旧方法、折旧年限不同产生的差异

企业会计准则规定，企业应当根据与固定资产有关的经济利益的预期实现方式合理选择折旧方法，如可以按直线法计提折旧，也可以按照双倍余额递减法、年数总和法等计提折旧，前提是有关的折旧方法能够反映固定资产为企业带来经济利益的消耗方式。税法一般会规定固定资产的折旧方法，除某些按规定可以加速折旧的情况外，基本上可以税前扣除的是按照直线法计提折旧。

另外，税法还就每一类固定资产的最低折旧年限作出了规定，而会计处理时按照企业会计准则规定，折旧年限是由企业根据固定资产能够为企业带来经济利益的期限估计确定的。如企业进行会计处理时确定的折旧年限与税法规定不同，也会产生固定资产持有期间账面价值与计税基础之间的差异。

2. 因计提固定资产减值准备产生的差异

持有固定资产的期间内，在对固定资产计提了减值准备以后，因税法规定按照会计准则计提的资产减值准备在资产发生实质性损失前不允许税前扣除，也会造成固定资产的账面价值与计税基础的差异。

【例6.6】 A公司于2007年12月15日购入一台设备，原价为1 000万元，预计使用年限为10年，会计处理时按照直线法计提折旧，税收处理允许加速折旧。A公司在计税时对该项固定资产按双倍余额递减法计提折旧，预计净残值为零。2009年12月20日，A公司对该项固定资产计提了80万元的固定资产减值准备。

2007年12月15日该固定资产的账面价值 = 计税基础 = 1 000（万元）

2009年12月31日该固定资产的账面价值 = 1 000 − 1 000 ÷ 10 × 2 − 80
= 720（万元）

2009年12月31日该固定资产的计税基础 = 1 000 − 1 000 × 20% − 800 × 20%
= 640（万元）

该固定资产在2009年12月31日的账面价值720万元与其计税基础640万元之间的差额80万元，会增加未来期间应纳税所得额和应交所得税，属于应纳税暂时性差异，应确认相应的递延所得税负债。

【例6.7】 A公司于2008年末购入一项生产用固定资产，原价为300万元，按照其预计使用情况，公司在会计核算时估计其使用寿命为10年，按照适用税法的规定，其折旧年限为20年，会计与税收均按直线法计提折旧，净残值为零。假定本例中的固定资产未发生减值，确定该项固定资产在2009年12月31日的账面价值及计税基础。

固定资产的账面价值 = 300 − 300 ÷ 10 = 270（万元）

固定资产的计税基础 = 300 − 300 ÷ 20 = 285（万元）

该项固定资产的账面价值270万元与其计税基础285万元之间产生差额15万元，因其在未来期间会减少企业的应纳税所得额和应交所得税，属于可抵扣暂时性差异，符合确认条件的情况下，应确认与其相关的递延所得税资产。

试试看，你能行：

假定某固定资产的原值为100万元，已计提折旧30万元，已在当期和以前期间抵扣。假定税法折旧等于会计折旧。

此时该项固定资产的计税基础是多少？试试吧。

6.2.2.2 无形资产

除内部研究开发形成的无形资产以外，以其他方式取得的无形资产初始确认时，按照会计准则规定确定的入账价值与按照税法规定确定的成本之间一般不存在差异。无形资产的差异主要产生于内部研究开发形成的无形资产以及使用寿命不确定的无形资产。

1. 内部研究开发形成的无形资产

企业会计准则规定，有关研究开发支出区分为两个阶段，研究阶段的支出应当费用化计入当期损益，开发阶段符合资本化条件以后至达到预定用途前发生的支出应当资本化作为无形资产的成本。税法规定，企业为开发新技术、新产品、新工艺发生的研究开发费用，未形成无形资产计入当期损益的，在按照规定据实扣除的基础上，按照研究开发费用的50%加计扣除；形成无形资产的，按照无形资产成本的150%计算每期摊销额。

对于享受税收优惠的研究开发支出，在形成无形资产时，按照会计准则规定确定的成本为研究开发过程中符合资本化条件后至达到预定用途前发生的支出，而因税法规定按照无形资产成本的150%摊销，则其计税基础应在会计入账价值的基础上加计50%，因而产生账面价值与计税基础在初始确认时的差异。但如该无形资产的确认不是产生于合并交易，同时在确认时既不影响会计利润也不影响应纳税所得额，则按照所得税会计准则的规定，不确认有关暂时性差异的所得税影响。

【例6.8】 A公司当期为开发新技术发生研究开发支出计2 000万元，其中研究阶段支出400万元，开发阶段符合资本化条件前发生的支出为400万元，符合资本化条件后至达到预定用途前发生的支出为1 200万元。税法规定，企业为开发新技术、新产品、新工艺发生的研究开发费用，未形成无形资产计入当期损益的，按照研究开发费用的50%加计扣除；形成无形资产的，按照无形资产成本的150%摊销。假定开发形成的无形资产在当期期末已达到预定用途（尚未开始摊销）。

A公司当期发生的研究开发支出中，按照会计准则规定应予费用化的金额为800万元，按照税法规定可在当期税前扣除的金额为1 200万元。

A公司当期发生的研究开发支出中，形成无形资产的成本为1 200万元，即期末无形资产的账面价值为1 200万元，所形成无形资产在未来期间可予税前扣除的金额为1 800万元，其计税基础为1 800万元，无形资产的账面价值与其计税基础之间形成暂时性差异600万元。

该内部开发形成无形资产的账面价值与其计税基础之间产生的600万元暂时性差异系资产初始确认时的差异，确认该资产时既不影响会计利润也不影响应纳税所得额，则按照所得税会计准则的规定，不确认有关暂时性差异的所得税影响。

2. 无形资产后续计量

无形资产在后续计量时，会计与税收的差异主要产生于对无形资产是否需要摊销及无形资产减值准备的提取。

企业会计准则规定，对于无形资产，应根据其使用寿命，区分为使用寿命有限的无形资产和使用寿命不确定的无形资产。对于使用寿命不确定的无形资产，不要求摊销，但持有期间每年应进行减值测试。税法规定，企业取得的无形资产成本应在一定期限内摊销，即税法中没有界定合同使用寿命不确定的无形资产，除外购商誉外所有的无形资产成本均应在一定期间内摊销。对于使用寿命不确定的无形资产，会计处理时不予摊销，但计税时按照税法规定确定的摊销额允许税前扣除，造成该类无形资产账面价值与计税基础的差异。

在对无形资产计提减值准备的情况下，因税法规定计提的无形资产减值准备在转变为实质性损失前不允许税前扣除，即无形资产的计税基础不会随减值准备的提取发生变化，但其账面价值会因资产减值准备的提取而下降，从而造成无形资产的账面价值与计税基础的差异。

【例6.9】 A公司于2009年1月1日取得一项无形资产，取得成本为300万元，因其使用寿命无法合理估计，会计上视为使用寿命不确定的无形资产，不予摊销，但税法规定按10年的期限摊销。确定该项无形资产在2009年12月31日的账面价值和计税基础。

本例中，会计上将该项无形资产视为使用寿命不确定的无形资产，在未发生减值的情况下，其于2009年12月31日的账面价值为取得成本300万元。

该项无形资产在2009年12月31日的计税基础 = 300 - 300 ÷ 10 = 270(万元)

该项无形资产的账面价值300万元与其计税基础270万元之间的差额为30万元，将计入未来期间的应纳税所得额，产生未来期间企业以应交所得税方式流出经济利益的增加，属于应纳税暂时性差异，其所得税影响确认为递延所得税负债。

试试看，你能行：

某项无形资产取得成本为150万元，会计上视为使用寿命不确定的无形资产，不予摊销，但税法规定按15年的期限摊销，假设未发生减值。

请问取得该项无形资产两年后，其账面价值和计税基础如何确定？试试吧。

6.2.2.3 以公允价值计量的金融资产

1. 以公允价值计量且其变动计入当期损益的金融资产

按照企业会计准则规定，对于以公允价值计量且其变动计入当期损益的金融资产，以某一会计期末的账面价值为该时点的公允价值。税法规定，企业以公允价值计量的金融资产、金融负债以及投资性房地产等，持有期间公允价值的变动不计入应纳税所得额，在实际处置或结算时，处置取得的价款扣除其历史成本后的差额应计入处置或结算期间的应纳税所得额。根据税法规定，以公允价值计量的金融资产在持有期间的投资浮盈或浮亏在计税时不予考虑。有关金融资产在某一会计期末的计税基础为其取得成本，从而造成在公允价值变动的情况下，以公允价值计量的金融资产账面价值与计税基础之间的差异。

【例6.10】 2009年8月1日，A公司自公开市场取得一项权益性投资，支付价款600万元，作为交易性金融资产核算。2009年12月31日，该项权益性投资的期末市价为700万元。

本例中，按照企业会计准则规定进行核算，该项交易性金融资产在2009年12月31日的账面价值为700万元。

按照税法规定,交易性金融资产在持有期间的公允价值变动不计入应纳税所得额,其计税基础在2009年12月31日应为取得成本,即600万元。

该交易性金融资产的账面价值700万元与其计税基础600万元之间产生了100万元的暂时性差异,在未来期间转回时会增加未来期间的应纳税所得额,导致企业应交所得税的增加,为应纳税暂时性差异,应确认相关的递延所得税负债。

2. 可供出售的金融资产

按照企业会计准则的规定,可供出售的金融资产在会计期末应以公允价值计量,公允价值变动计入当期所有者权益。按税法规定,资产在持有期间公允价值的变动不计入应纳税所得额,则可供出售金融资产的期末计税基础应为其取得时的成本。

【例6.11】 2009年5月1日,A公司自公开的市场上取得一项基金投资,支付价款600万元,作为可供出售的金融资产核算。2009年12月31日,其市价为650万元。

本例中,按照企业会计准则规定,可供出售的金融资产在会计期末应以公允价值计量,其账面价值应为市价650万元。

按税法规定,可供出售金融资产在持有期间公允价值的变动不计入应纳税所得额,则该项可供出售金融资产的期末计税基础应维持其原取得成本不变,即应为600万元。

该项可供出售金融资产的账面价值650万元与其计税基础600万元之间产生了50万元的暂时性差异,将会增加未来该资产处置时的应纳税所得额和应交所得税,为应纳税暂时性差异,公司应确认与其相关的递延所得税负债。

6.2.2.4 其他资产

因企业会计准则规定与税法规定的不同,企业持有的其他资产,可能造成其账面价值与计税基础之间的差异。

1. 投资性房地产

企业持有的投资性房地产进行后续计量时,会计准则规定可以采用两种模式,一种是成本模式,采用该种模式计量的投资性房地产,其账面价值和计税基础的确定与固定资产、无形资产相同;另一种是在符合规定条件的情况下,可以采用公允价值模式,采用公允价值模式进行后续计量的投资性房地产,其计税基础的确定类似于以公允价值计量且其变动计入当期损益的金融资产。

【例6.12】 A公司于2009年1月1日将其某自用房屋用于对外出租,该房屋的成本为800万元,预计使用年限为20年。转为投资性房地产之前,已使用4年,企业按照年限平均法计提折旧,预计净残值为零。转为投资性房地产核算后,能够持续可靠取得该投资性房地产的公允价值,A公司采用公允价值对该投资性房地产进行后续计量。假定税法规定的折旧方法、折旧年限及净残值与会计准则规定相同。该项投资性房地产在2009年12月31日的公允价值为900万元。

本例中,该投资性房地产在2009年12月31日的账面价值为其公允价值900万元;而其计税基础为取得成本扣除按照税法规定允许税前扣除的折旧额后的金额,即

其计税基础 = 800 - 800 ÷ 20 × 5 = 600(万元)。

该项投资性房地产的账面价值 900 万元与其计税基础 600 万元之间产生了 300 万元的暂时性差异,会增加企业在未来期间的应纳税所得额和应交所得税,为应纳税暂时性差异,公司应确认与其相关的递延所得税负债。

2. 其他计提了资产减值准备的各项资产

有关资产计提了减值准备之后,其账面价值会随之减少,而按照税法规定,资产的减值在转化为实质性损失之前,不允许税前扣除,即其计税基础不会因减值准备的提取而发生变化,从而造成资产的账面价值与其计税基础之间的差异。

【例 6.13】 2009 年末,A 公司原材料成本为 1 000 万元,2009 年 12 月 31 日估计该原材料的可变现净值为 900 万元。假定该公司以前未提取存货跌价准备。

本例中,该项原材料期末计提存货跌价准备金额为 100 万元,计提存货跌价准备后,其账面价值为 900 万元。

按照税法规定,企业计提的资产减值准备不允许税前扣除,因此该项原材料的计税基础不会因存货跌价准备的提取而发生变化,其计税基础应维持原取得成本 1 000 万元不变。

该存货的账面价值 900 万元与其计税基础 1 000 万元之间产生了 100 万元的暂时性差异,会减少企业在未来期间的应纳税所得额和应交所得税,属于可抵扣暂时性差异,符合确认条件时,应确认与其相关的递延所得税资产。

6.2.3 负债的计税基础

负债的计税基础,是指负债的账面价值减去未来期间计算应纳税所得额时按照税法规定可予税前抵扣的金额。用公式表示即为:

负债的计税基础 = 账面价值 - 未来期间按照税法规定可予税前扣除的金额

一般情况下,负债的确认与偿还不会影响企业的损益,也不会影响其应纳税所得额,未来期间计算应纳税所得额时按照税法规定可予抵扣的金额为零,计税基础即为账面价值,如企业的短期借款、应付账款、应付票据等。但是,在某些情况下,负债的确认会影响损益,也会影响应纳税所得额,使其计税基础和账面价值之间产生差额,如按照会计准则确认的某些预计负债。

6.2.3.1 企业因销售商品、提供售后服务等原因确认的预计负债

按照或有事项准则规定,企业对于预计提供售后服务将发生的支出在满足有关确认条件时,销售当期即应确认为费用,同时确认预计负债。如果税法规定,与销售产品相关的支出应于实际发生时税前扣除,因该类事项产生的预计负债在期末的计税基础为其账面价值与未来期间可税前扣除的金额之间的差额,即为零;如果税法规定,对于费用支出按照权责发生制原则确定税前扣除时点,则所形成负债的计税基础等于账面价值。

因其他事项确认的预计负债,应按照税法规定的计税原则确定其计税基础。在某些情况下,有些事项确认的预计负债,税法规定其支出无论是否实际发生均不允许

税前扣除,即未来期间按照税法规定可予抵扣的金额为零,则其账面价值与计税基础相同。

【例6.14】 A公司因销售产品承诺提供3年的产品保修服务,在2009年年度利润表中确认了250万元的销售费用,同时在资产负债表中确认为预计负债,当年未发生任何保修支出。假定按照税法规定,与产品售后服务相关的费用在实际发生时允许税前扣除。

本例中,该项预计负债在2009年12月31日资产负债表中的账面价值为250万元。

因税法规定与产品保修相关的费用在未来期间实际发生时才允许税前扣除,则该项负债的计税基础为账面价值扣除未来期间计算应纳税所得额时按照税法规定可予抵扣的金额,与该项负债相关的保修支出在未来期间实际发生时可予税前扣除,即未来期间计算应纳税所得额时按照税法规定可予抵扣的金额为250万元,该项负债的计税基础 $=250-250=0$。

该预计负债的账面价值250万元与其计税基础零之间形成了250万元的暂时性差异,该暂时性差异在未来期间转回时会减少企业的应纳税所得额,使企业于未来期间以应交所得税的方式流出的经济利益减少,为可抵扣暂时性差异,在其产生期间,符合有关确认条件时,应确认与其相关的递延所得税资产。

6.2.3.2 预收账款

企业在收到预收账款时,因不符合收入的确认条件,会计上将其确认为负债。税法中对于收入的确认原则一般与会计准则规定相同,即会计上未确认收入时,计税时一般亦不计入应纳税所得额,该部分经济利益在未来期间计税时可予税前扣除的金额为零,计税基础等于账面价值。

某些情况下,因不符合会计准则规定的收入确认条件,未确认为收入的预收款项,按照税法规定应计入当期应纳税所得额,则有关预收账款的计税基础为零,即因其产生时已经计算交纳所得税,未来期间可全额税前扣除,计税基础为账面价值减去在未来期间可全额税前扣除的金额,则其计税基础为零。

【例6.15】 2009年12月1日,A公司自客户处收到一笔合同预付款,金额为500万元,因不符合收入确认条件,将其作为预收账款核算。假定按照适用税法规定,该款项应计入当期应纳税所得额计算交纳所得税。

本例中,该项预收账款在2009年12月31日资产负债表中的账面价值为500万元。

因假定按照税法规定,该项预收账款应计入当期应纳税所得额计算交纳所得税,与该项负债相关的经济利益已在当期计算交纳所得税,未来期间按照企业会计准则规定确认收入时,不再计入应纳税所得额,即其应于未来期间计算应纳税所得额时税前扣除的金额为500万元。计税基础 = 账面价值500万元 - 未来期间计算应纳税所得额时可予税前扣除的金额500万元 = 0(元)。

该项负债的账面价值500万元与其计税基础零之间形成了500万元的暂时性差异，在未来期间转回时会减少企业的应纳税所得额，使企业未来期间以应交所得税的方式流出的经济利益减少，为可抵扣暂时性差异，符合有关确认条件时，应确认与其相关的递延所得税资产。

试试看，你能行：

某企业收到预付账款100万元，若预收时未交税，会计上的账面价值与税法上的计税基础分别是多少？若预收时已交税，会计上的账面价值与税法上的计税基础又分别是多少？会产生何种暂时性差异？试试吧。

6.2.3.3 应付职工薪酬

会计准则规定，企业为获得职工提供的服务所给予的各种形式的报酬以及其他相关支出均应作为企业的成本费用，在未支付之前确认为负债。税法规定，企业支付给职工的合理的工资薪金基本允许税前扣除，但税法中如果明确规定了税前扣除标准，按照会计准则规定计入成本费用支出的金额超过规定标准的部分，应进行纳税调整。因超过部分在发生当期不允许税前扣除，在以后期间也不允许税前扣除，即该部分差额对未来期间计税不产生影响，则所产生应付职工薪酬负债的账面价值等于计税基础。

【例6.16】 2009年12月，A公司计入成本费用的职工工资总额为800万元，至2009年12月31日尚未支付，作为资产负债表中的应付职工薪酬进行核算。假定按照适用税法规定，当期计入成本费用的800万元职工薪酬支出中，可予税前扣除的合理部分为600万元。

本例中，按企业会计准则规定，该项应付职工薪酬负债的账面价值为800万元。

公司实际发生的工资支出800万元与允许税前扣除的金额600万元之间所产生的200万元差额在发生当期即应进行纳税调整，并且在以后期间也不能税前扣除，该项应付职工薪酬的计税基础=账面价值800万元-未来期间计算应纳税所得额时按税法规定可予抵扣的金额0=800(万元)。

该项负债的账面价值800万元与其计税基础800万元相同，不形成暂时性差异。

6.2.3.4 其他负债

企业的其他负债项目，如应交的罚款和滞纳金等，在尚未支付之前按照会计准则规定确认为费用，同时作为负债反映。按照税法规定，罚金、行政性罚款和税收滞纳金不能税前扣除，即该部分费用无论是在发生当期还是在以后期间均不允许税前扣除，其计税基础为账面价值减去未来期间计税时可予税前扣除的金额零之间的差额，即计税基础等于账面价值，不产生暂时性差异。

【例6.17】 2009年12月，A公司因违反当地的有关环保规定接到处罚通知，要求其支付罚款100万元。税法规定，企业因违反国家有关法律法规支付的罚款不允许税前扣除。至2009年12月31日，该项罚款尚未支付。

本例中,对于该项罚款,A公司应计入2009年利润表,同时确认为资产负债表中的负债。

按照税法规定,该项负债在未来期间计税时按照税法规定可予税前扣除的金额为零,其计税基础=账面价值100万元-未来期间计算应纳税所得额时按照税法规定可予抵扣的金额0=100(万元)。

该项负债的账面价值100万元与其计税基础100万元相同,不形成暂时性差异。

6.3 递延所得税资产及递延所得税负债的确认和计量

6.3.1 递延所得税资产的确认和计量

6.3.1.1 递延所得税资产的确认

1.确认的一般原则

递延所得税资产产生于可抵扣暂时性差异。资产、负债的账面价值与其计税基础不同产生可抵扣暂时性差异的,估计在未来期间能够取得足够的应纳税所得额用以利用该可抵扣暂时性差异时,应当以很可能取得用来抵扣该可抵扣暂时性差异的应纳税所得额为限,确认相关的递延所得税资产。其计算公式为:

递延所得税资产=可抵扣暂时性差异×适用所得税税率

企业确认递延所得税资产时,应遵循以下原则。

(1)递延所得税资产的确认应以未来期间很可能取得的用来抵扣可抵扣暂时性差异的应纳税所得额为限。企业有明确的证据表明其于可抵扣暂时性差异转回的未来期间能够产生足够的应纳税所得额,进而利用可抵扣暂时性差异的,应以可能取得的应纳税所得额为限,确认相关的递延所得税资产。在可抵扣暂时性差异转回的未来期间内,企业无法产生足够的应纳税所得额用以利用可抵扣暂时性差异的影响,使得与可抵扣暂时性差异相关的经济利益无法实现的,不应确认递延所得税资产。

在判断企业于可抵扣暂时性差异转回的未来期间是否能够产生足够的应纳税所得额时,应考虑企业在未来期间通过正常的生产经营活动能够实现的应纳税所得额以及以前期间产生的应纳税暂时性差异在未来期间转回时将增加的应纳税所得额。

【例6.18】 2009年,A公司预提产品质量保证费用并计入销售费用的金额为100万元,该公司适用的所得税税率为25%。其估计于未来期间能够产生足够的应纳税所得额用以利用该可抵扣暂时性差异。

本例中,预计负债的账面价值为100万元,其计税基础=账面价值100万元-可从未来经济利益中扣除的金额100万元=0,产生的可抵扣暂时性差异=100-0=100(万元),则A公司应确认相关的递延所得税资产=100×25%=25(万元)。会计处理如下:

借:递延所得税资产	250 000	
贷:所得税费用		250 000

(2)按照税法规定可以结转以后年度的未弥补亏损和税款抵减,应视同可抵扣暂时性差异处理。在有关的亏损或税款抵减金额得到税务部门的认可或预计能够得到税务部门的认可且预计在可弥补亏损或税款抵减的未来期间内能够取得足够的应纳税所得额时,除会计准则中规定不予确认的情况外,应当以很可能取得的应纳税所得额为限,确认相应的递延所得税资产,同时减少确认当期的所得税费用。

【例6.19】 A公司2009年发生亏损400万元,假设可以由以后年度税前弥补,所得税税率为25%,则对于能够结转以后年度的未弥补亏损,应视同可抵扣暂时性差异,以很可能获得用来抵扣该部分亏损的未来应纳税所得额为限,确认相应的递延所得税资产。

递延所得税资产 = 可抵扣暂时性差异 × 所得税税率 = 400 × 25% = 100(万元)

(3)非同一控制下的企业合并中,按照会计规定确定的合并中取得的各项可辨认资产、负债的入账价值与其计税基础之间形成可抵扣暂时性差异的,应确认相应的递延所得税资产,并调整合并中应予确认的商誉等。

【例6.20】 A公司所得税税率为25%,2009年通过购买与其没有关联关系的B公司100%的股份,使得B公司成为A公司的一个分公司,不再保留单独的法人地位。在企业合并中取得的各项可辨认资产的账面价值为800万元,可辨认资产的公允价值为900万元。假设税法不允许公允价值调整,则资产的账面价值小于其计税基础的差额,形成可抵扣暂时性差异,应确认相应的递延所得税资产。

递延所得税资产 = 可抵扣暂时性差异 × 所得税税率 = 100 × 25% = 25(万元)

试试看,你能行:

企业合并中形成的暂时性差异,应在资产负债表日确认递延所得税资产或负债,同时调整所得税费用。这种说法正确吗?请说明理由。

(4)与直接计入所有者权益的交易或事项相关的可抵扣暂时性差异,相应的递延所得税资产应计入所有者权益。例如,因可供出售金融资产的公允价值下降而应确认的递延所得税资产。

【例6.21】 A公司2009年12月1日取得一项可供出售的金融资产,成本为210万元。2009年12月31日,该项可供出售金融资产的公允价值为200万元。A公司适用的所得税税率为25%。

2009年12月31日,该可供出售金融资产的账面价值为200万元,其计税基础为210万元,该可供出售金融资产的账面价值小于其计税基础,产生可抵扣暂时性差异10万元。则A公司应确认相关的递延所得税资产 = 10 × 25% = 2.5(万元)。会计处理如下:

借:递延所得税资产　　25 000

　　贷:资本公积——其他资本公积　　25 000

(5)对于与联营企业、合营企业等的投资相关的可抵扣暂时性差异,如果有关的暂时性差异在可预见的未来很可能转回并且企业很可能获得用来抵扣该可抵扣暂时性差异的应纳税所得额时,应确认相关的递延所得税资产。对联营企业、合营企业等的投资产生的可抵扣暂时性差异,主要产生于权益法下的被投资单位发生亏损时,投资企业按照持股比例确认应予承担的部分相应减少长期股权投资的账面价值,但税法规定长期股权投资的成本在持有期间不发生变化,造成长期股权投资的账面价值小于其计税基础,产生可抵扣暂时性差异。

【例6.22】 A公司所得税税率为25%,2009年末长期股权投资账面余额为150万元,其中原始投资成本为200万元,按权益法确认投资损失50万元。则长期投资账面价值为150万元,税法规定长期股权投资的成本在持有期间不发生变化,其计税基础为200万元,两者之间的差额50万元,形成可抵扣暂时性差异,应确认相应的递延所得税资产。

递延所得税资产 = 可抵扣暂时性差异 × 所得税税率

$= 50 \times 25\% = 12.5$(万元)

在不考虑期初递延所得税资产的情况下,A公司的会计处理如下:

借:递延所得税资产 125 000

贷:所得税费用 125 000

2. 不确认递延所得税资产的特殊情况

如果企业发生的某项交易或事项不属于企业合并,并且交易发生时既不影响会计利润也不影响应纳税所得额,且该项交易中产生的资产、负债的初始确认金额与其计税基础不同,从而产生可抵扣暂时性差异的,企业会计准则规定在交易发生时不确认相应的递延所得税资产。

【例6.23】 A公司当期以融资租赁方式租入一项固定资产,其在租赁日的公允价值为1 000万元,最低租赁付款额的现值为980万元。租赁合同中约定,租赁期内总的付款额为1 100万元。假定不考虑在租入资产过程中发生的相关费用。

本例中,按照会计准则规定,承租人应当将租赁开始日租赁资产的公允价值与最低租赁付款额的现值两者中的较低者作为租入资产的入账价值,即A公司该融资租入固定资产的入账价值为980万元。

假定税法规定融资租入资产应当按照租赁合同或协议约定的付款额以及在取得租赁资产过程中支付的有关费用作为其计税基础,即其计税基础应为1 100万元。

租入资产的入账价值980万元与其计税基础1 100万元之间的差额,在取得资产时既不影响会计利润,也不影响应纳税所得额,如果确认相应的所得税影响,直接结果是减计资产的初始计量金额,因此,企业会计准则中规定这种情况下不确认相应的递延所得税资产。

6.3.1.2 递延所得税资产的计量

1. 适用税率的确定

确认递延所得税资产时,应估计相关可抵扣暂时性差异的转回时间,以转回期间适用的所得税税率为基础计算确定。无论相关的可抵扣暂时性差异转回期间如何，递延所得税资产均不予折现。

【例6.24】 2009年,A公司开始对一台生产设备计提折旧。2009年12月31日，该设备的账面价值为450万元,计税基础为550万元。预计差异转回期间适用的所得税税率为25%。该公司应按照预期收回该资产期间的适用税率计算确认递延所得税资产。

2009年12月31日确认的递延所得税资产=(550-450)×25%=25(万元)

2.递延所得税资产的减值

资产负债表日,企业应当对递延所得税资产的账面价值进行复核。如果未来期间很可能无法取得足够的应纳税所得额用以利用递延所得税资产的利益,应当减计递延所得税资产的账面价值。减计的递延所得税资产,除原确认时计入所有者权益的递延所得税资产,其减计金额亦应计入所有者权益外,其他的情况均应增加所得税费用。

递延所得税资产的账面价值减计以后,随后期间根据新的环境和情况判断能够产生足够的应纳税所得额利用可抵扣暂时性差异,使递延所得税资产包含的经济利益能够实现的,应恢复相应递延所得税资产的账面价值。

6.3.2 递延所得税负债的确认和计量

递延所得税负债产生于应纳税暂时性差异。因应纳税暂时性差异在转回期间将增加未来期间的应纳税所得额和应交所得税,导致企业经济利益的流出,从其发生当期看,构成企业应支付税金的义务,应作为递延所得税负债确认。

6.3.2.1 确认递延所得税负债的一般原则

企业在确认因应纳税暂时性差异产生的递延所得税负债时,应遵循以下原则:

(1)除企业会计准则中明确规定可不确认递延所得税负债的情况外,企业对所有的应纳税暂时性差异均应确认相关的递延所得税负债;

(2)除直接计入所有者权益的交易或事项以及企业合并外,在确认递延所得税负债的同时,应增加利润表中的所得税费用;

(3)与直接计入所有者权益的交易或事项相关的,其所得税影响应增加或减少所有者权益;

(4)与企业合并中取得资产、负债相关的,其递延所得税影响应调整购买日应确认的商誉或是计入当期损益的金额。

递延所得税负债的计算公式为:

递延所得税负债=应纳税暂时性差异×适用所得税税率

【例6.25】 A公司持有的某项可供出售金融资产,成本为400万元;会计期末，其公允价值为500万元,该企业适用的所得税税率为25%。除该事项外,A公司不存在其他会计与税收处理的差异,且递延所得税资产和递延所得税负债不存在期初余额。

会计期末在确认100万元的公允价值变动时的会计分录：

借：可供出售金融资产　　1 000 000

　贷：资本公积——其他资本公积　　1 000 000

确认应纳税暂时性差异的所得税影响时的会计分录：

借：资本公积——其他资本公积　　250 000

　贷：递延所得税负债　　（1 000 000×25%）　250 000

【例6.26】　A公司于2008年12月31日取得某项环保用固定资产，取得成本为100万元，预计使用年限为10年。会计上采用直线法计提折旧，净残值为零。计税时按双倍余额递减法计提折旧。假定该公司不存在其他会计与税收处理的差异，该项固定资产未发生减值，适用的所得税税率为25%。

2009年12月31日该项固定资产的账面价值＝100－100÷10＝90（万元）

2009年12月31日该项固定资产的计税基础＝100－100×20%＝80（万元）

该项固定资产的账面价值90万元与其计税基础80万元之间产生的差额10万元，意味着企业将于未来期间增加应纳税所得额和应交所得税，属于应纳税暂时性差异，应确认相应的递延所得税负债。会计处理如下：

借：所得税费用　　25 000

　贷：递延所得税负债　　（100 000×25%）　25 000

【例6.27】　2007年12月，A公司购入一台机器设备，成本为15万元，预计使用年限为5年，预计净残值为零，会计上按直线法计提折旧。因该机器设备符合税法规定的优惠条件，计税时可采用年数总和法计提折旧。假定税法规定的使用年限及净残值均与会计相同，A公司各会计期间均未对该固定资产计提减值准备，除该项固定资产产生的会计与税收之间的差异外，不存在其他会计与税收的差异。

A公司每年因该固定资产账面价值与计税基础不同应予确认的递延所得税情况，如表6.1所示。

表6.1　A公司每年的递延所得税　　单位：万元

项　目	2008年	2009年	2010年	2011年	2012年
实际成本	15	15	15	15	15
累计会计折旧	3	6	9	12	15
账面价值	12	9	6	3	0
累计计税折旧	5	9	12	14	15
计税基础	10	6	3	1	0
暂时性差异	2	3	3	2	0
适用税率（%）	25	25	25	25	25
递延所得税负债余额	0.5	0.75	0.75	0.5	0

注：年数总和法下，年折旧率＝（折旧年限－已使用年数）÷［折旧年限×（折旧年限＋1）÷2］×100%，年折旧额＝（固定资产原值－预计残值）×年折旧率。

(1)2008 年资产负债表日的账务分析。

该固定资产的账面价值 = 实际成本 - 会计折旧 = 15 - 3 = 12(万元)

该固定资产的计税基础 = 实际成本 - 税前扣除的折旧额 = 15 - 5 = 10(万元)

因账面价值 12 万元大于计税基础 10 万元,两者之间产生 2 万元差异,会增加未来期间的应纳税所得额和应交所得税,属于应纳税暂时性差异,应确认与其相关的递延所得税负债 0.5(0.5 = 2 × 25%)万元。

借:所得税费用　　5 000

　贷:递延所得税负债　　5 000

(2)2009 年资产负债表日的账务分析。

该固定资产的账面价值 = 15 - 6 = 9(万元)

该固定资产的计税基础 = 实际成本 - 税前扣除的折旧额

= 15 - 9 = 6(万元)

因账面价值 9 万元大于计税基础 6 万元,两者之间的差额 3 万元为应纳税暂时性差异,期末递延所得税负债应有余额为 0.75(0.75 = 3 × 25%)万元,而递延所得税负债期初已有余额为 0.5 万元,所以当期应确认的递延所得税负债为 0.25 万元。

借:所得税费用　　2 500

　贷:递延所得税负债　　2 500

(3)2010 年资产负债表日的账务分析。

该固定资产的账面价值 = 15 - 3 × 3 = 6(万元)

该固定资产的计税基础 = 15 - 5 - 4 - 3 = 3(万元)

因账面价值 6 万元大于计税基础 3 万元,两者之间的差额 3 万元为应纳税暂时性差异,期末递延所得税负债应有余额为 0.75(0.75 = 3 × 25%)万元,但递延所得税负债的期初余额为 0.75 万元,所以当期应确认的递延所得税负债为零,不需要进行账务处理。

(4)2011 年资产负债表日的账务分析。

该固定资产的账面价值 = 15 - 12 = 3(万元)

该固定资产的计税基础 = 15 - 14 = 1(万元)

因账面价值 3 万元大于计税基础 1 万元,两者之间的差额 2 万元为应纳税暂时性差异,期末递延所得税负债应有余额为 0.5(0.5 = 2 × 25%)万元,但递延所得税负债的期初余额为 0.75 万元,所以当期应转回原已确认的递延所得税负债 0.25 万元。

借:递延所得税负债　　2 500

　贷:所得税费用　　2 500

(5)2012 年资产负债表日的账务分析。

该固定资产的账面价值 = 15 - 15 = 0

该固定资产的计税基础 = 15 - 15 = 0

该固定资产的账面价值和计税基础均为零,两者之间不存在暂时性差异,期末递延所得税负债应有余额为0（0 = 0 × 25%），原已确认的与该项资产相关的递延所得税负债应予全额转回，即应将已确认的递延所得税负债0.5万元全额转回。

借：递延所得税负债　　5 000
　贷：所得税费用　　5 000

6.3.2.2 不确认递延所得税负债的特殊情况

有些情况下，虽然资产、负债的账面价值与其计税基础不同，产生了应纳税暂时性差异，但出于各方面考虑，企业会计准则规定不确认相应的递延所得税负债，主要包括以下几种情况。

1. 商誉的初始确认

非同一控制下的企业合并中，企业合并成本大于合并中取得的被购买方可辨认净资产公允价值份额的差额，按照会计准则确认为商誉。因会计与税收的划分标准不同，按税法规定作为免税合并的情况下，税法不认可商誉的价值，即从税法的角度，商誉的计税基础为零，其账面价值与计税基础形成应纳税暂时性差异，会计准则规定不确认与其相关的递延所得税负债。

2. 与联营企业、合营企业投资等相关的应纳税暂时性差异

与联营企业、合营企业投资等相关的应纳税暂时性差异，一般应确认相应的递延所得税负债，但同时满足以下两个条件的除外：一是投资企业能够控制暂时性差异转回的时间；二是该暂时性差异在可预见的未来很可能不会转回。满足上述条件时，投资企业可以运用自身的影响力决定暂时性差异的转回，如果不希望其转回，则在可预见的未来该项暂时性差异即不会转回，从而无须确认相应的递延所得税负债。

3. 除企业合并以外的其他交易或事项

除企业合并以外的其他交易或事项中，如果发生的交易或事项既不影响会计利润，也不影响应纳税所得额，且所产生的资产、负债的初始确认金额与其计税基础不同，形成应纳税暂时性差异的，交易或事项发生时不确认相应的递延所得税负债。

6.3.2.3 递延所得税负债的计量

递延所得税负债应以相关应纳税暂时性差异转回期间适用的所得税税率计量。在我国，除享受优惠政策的情况以外，企业适用的所得税税率在不同年度之间一般不会发生变化，企业在确认递延所得税负债时，可以现行适用税率为基础计算确定。

无论应纳税暂时性差异的转回期间如何，相关的递延所得税负债不要求折现。

6.4 所得税费用的确认和计量

所得税会计最终要计算两个指标，即当期应交所得税和计入利润表的所得税费用。在采用资产负债表债务法核算所得税的情况下，利润表中的所得税费用由两个部分组成，即当期所得税和递延所得税。

6.4.1 当期所得税

当期所得税，是指企业按照税法规定计算确定的针对当期发生的交易或事项，应交纳给税务部门的所得税金额，即当期应交所得税，应以适用的税收法规为基础计算确定。

企业在确定当期所得税时，对于当期发生的交易或事项，会计处理与税收处理不同的，应在会计利润的基础上，按照适用税收法规的要求进行调整，计算出当期应纳税所得额，按照应纳税所得额与适用的所得税税率计算确定当期应交所得税。用公式表示为：

应纳税所得额 = 会计利润 + 按照会计准则规定计入利润表但计税时不允许税前扣除的费用 ± 计入利润表的费用与按照税法规定可予税前抵扣的金额之间的差额 ± 计入利润表的收入与按照税法规定应计入应纳税所得的收入之间的差额 − 税法规定的不征税收入 ± 其他需要调整的因素

当期所得税 = 当期应交所得税 = 应纳税所得额 × 所得税税率

6.4.2 递延所得税

递延所得税，是指企业会计准则规定应予确认的递延所得税资产和递延所得税负债在期末应有的金额相对于原已确认金额之间的差额，即递延所得税资产和递延所得税负债的当期发生额，但不包括直接计入所有者权益的交易或事项及企业合并的所得税影响。用公式表示为：

递延所得税 =（期末递延所得税负债 − 期初递延所得税负债）−（期末递延所得税资产 − 期初递延所得税资产）

企业经营过程中以各种方式取得的应税所得适用的所得税税率以及在不同会计期间适用的所得税税率一般不存在差别。在某些情况下，适用税率发生变化，应对已确认的递延所得税资产和递延所得税负债进行重新计量，除直接在权益中确认的交易或者事项产生的递延所得税资产和递延所得税负债以外，应当将其影响数计入变化当期的所得税费用。

6.4.3 所得税费用

如前所述，利润表中的所得税费用由当期所得税和递延所得税两个部分组成，即

所得税费用 = 当期所得税 + 递延所得税

应注意的是，企业因确认递延所得税资产和递延所得税负债产生的递延所得税，一般应当计入所得税费用，但以下两种情况除外：①某项交易或事项按照会计准则规定应计入所有者权益，由该交易或事项产生的递延所得税资产或递延所得税负债及其变化亦应计入所有者权益，不构成利润表中的递延所得税费用，有关举例见本章例6.25；②企业合并中取得的资产、负债，其账面价值与计税基础不同，应确认相关递延所得税，该递延所得税的确认影响合并中产生的商誉或者计入当期损益的金额，不影响所得税费用。

在资产负债表债务法下,所得税核算应按以下 3 个步骤。

1. 计算应交所得税

当期应交所得税 = 当期所得税 = 应纳税所得额 × 所得税税率

2. 计算暂时性差异的影响额,分别确认递延所得税资产和递延所得税负债的期末余额

递延所得税资产期末余额 = 可抵扣暂时性差异期末余额 × 适用所得税税率

递延所得税负债期末余额 = 应纳税暂时性差异期末余额 × 适用所得税税率

3. 计算所得税费用

所得税费用 = 当期所得税 + 递延所得税 = 当期应交所得税 + (期末递延所得税负债 - 期初递延所得税负债) - (期末递延所得税资产 - 期初递延所得税资产)

所得税费用应当在利润表中单独列示。

【例 6.28】 A 公司 2009 年有关所得税资料如下。

(1)所得税采用资产负债表债务法核算,适用的所得税税率为 25%;年初递延所得税资产为 37.5 万元,其中存货项目余额为 22.5 万元,未弥补亏损项目余额为 15 万元。

(2)本年度实现利润总额 500 万元,其中取得国债利息收入 20 万元,因发生违法经营被罚款 10 万元,因违反合同支付违约金 30 万元(可在税前扣除),工资及相关附加超过计税标准 60 万元,上述收入或支出已全部用现金结算完毕。

(3)年末计提固定资产减值准备 50 万元(年初减值准备为零),使固定资产账面价值比其计税基础小 50 万元;转回存货跌价准备 70 万元,使存货可抵扣暂时性差异由年初余额 90 万元减少为年末的 20 万元。税法规定,计提的减值准备不得在税前抵扣。

(4)年末计提产品保修费 40 万元,计入销售费用,预计负债余额为 40 万元。税法规定,产品保修费在实际发生时可在税前抵扣。

(5)至年末,尚有 60 万元亏损没有弥补,其递延所得税资产余额为 15 万元。

(6)假设除上述事项外,没有发生其他纳税调整事项。

A 公司关于所得税会计的账务处理如下。

(1)计算 2009 年应交所得税:

应交所得税 = 应纳税所得额 × 所得税税率 = [(利润总额 - 国债利息收入 + 违法经营罚款 + 工资超标 + 计提固定资产减值 - 转回存货跌价准备 + 计提保修费) - 弥补的亏损] × 25% = [(500 - 20 + 10 + 60 + 50 - 70 + 40) - 60] × 25% = [570 - 60] × 25% = 510 × 25% = 127.5(万元)

(2)计算暂时性差异的影响额,确认递延所得税资产和递延所得税负债:

固定资产项目的递延所得税资产年末余额 = 固定资产项目的年末可抵扣暂时性差异 × 所得税税率 = 50 × 25% = 12.5(万元)

存货项目的递延所得税资产年末余额 = 存货项目的年末可抵扣暂时性差异 × 所

得税税率 =20 ×25% =5(万元)

预计负债项目的递延所得税资产年末余额 = 预计负债项目的年末可抵扣暂时性差异 × 所得税税率 =40 ×25% =10(万元)

弥补亏损项目的递延所得税资产年末余额 = 弥补亏损项目的年末可抵扣暂时性差异 × 所得税税率 =0 ×25% =0

2009 年年末递延所得税资产余额 = 固定资产项目的递延所得税资产年末余额 + 存货项目的递延所得税资产年末余额 + 预计负债项目的递延所得税资产年末余额 + 弥补亏损项目的递延所得税资产年末余额 =12.5 +5 +10 +0 =27.5(万元)

(3)计算 2009 年所得税费用:

所得税费用 = 应交所得税 +(期末递延所得税负债 - 期初递延所得税负债) - (期末递延所得税资产 - 期初递延所得税资产) =127.5 +(0 -0) -(27.5 -37.5) = 127.5 +0 -(-10) =137.5(万元)

(4)会计分录如下:

借:所得税费用	1 375 000	
贷:应交税费——应交所得税		1 275 000
递延所得税资产		100 000

知识链接

1. 本章主要介绍了所得税会计的确认、计量和记录。本章应重点关注的问题包括:资产负债表债务法的含义及所得税会计核算的一般程序;资产、负债的计税基础的计算确定;应纳税暂时性差异和可抵扣暂时性差异的确定;递延所得税资产与递延所得税负债的确认与计量;所得税费用的确认与计量等。

2. 按照企业会计准则规定,递延所得税资产和递延所得税负债分别作为非流动资产和非流动负债在资产负债表中列示,可以学习、参考《初级企业财务会计》第 12.2 节"资产负债表"的有关内容。

3. 按照企业会计准则规定,所得税费用应当在利润表中单独列示,可以学习、参考《初级企业财务会计》第 12.3 节"利润表"的有关内容。

4. 为熟练掌握本章内容,达到能力目标的要求,建议对以前学过的"资产"和"负债"等相关内容进行复习,以利于知识的融会贯通。

5. 企业应当在财务报表附注中披露与所得税有关的下列信息:①所得税费用(收益)的主要组成部分;②对所得税费用(收益)与会计利润之间的关系作出解释;③未确认递延所得税资产的可抵扣暂时性差异、可抵扣亏损的金额(如果存在到期日,还应披露到期日);④对每一类暂时性差异和可抵扣亏损,在列报期间确认的递延所得税资产或递延所得税负债的金额,确认递延所得税资产的依据;⑤未确认递延所得税负债的、与对子公司、联营企业及合营企业投资相关的暂时性差异金额。

6. 学习本章内容，可以阅读和参考《企业会计准则第 18 号——所得税》及其应用指南、《企业会计准则讲解(2008)》第十九章“所得税”、《企业会计准则——应用指南》中的“会计科目和主要账务处理”等内容。

7

会计政策、会计估计变更和差错更正

学习要求

(1)掌握会计政策变更的会计处理。

(2)掌握会计估计变更的会计处理。

(3)掌握前期差错更正的会计处理。

(4)理解会计政策变更的条件、会计估计变更的条件以及前期差错产生的原因。

(5)了解会计政策、会计估计、前期差错的概念及其内容。

能力目标

通过本章的学习,应当掌握和具备下列职业技能:

(1)能够区别和判断哪些交易或事项属于会计政策变更,哪些交易或事项属于会计估计变更;

(2)能够对会计政策变更的交易或事项根据追溯调整法或未来适用法正确作出会计分录,能够对会计估计变更的交易或事项正确作出调整分录;

(3)能够根据会计政策变更的调整分录准确完成资产负债表、利润表、所有者权益变动表等相关项目的调整;

(4)能够根据前期差错的重要性,正确作出差错更正的调整分录;

(5)能够根据前期差错更正的调整分录,完成资产负债表、利润表、所有者权益变动表等相关项目的调整和重述。

学习指导

(1)本章内容是全书的重点,而且与其他各个章节有着密切的联系,因此应将本章内容与相关章节结合学习。

(2)学习本章应重点掌握会计政策变更的会计处理、会计估计变更的会计处理、前期差错更正的会计处理方法。

(3)学习本章时应明确:会计政策变更方法、基础、原则的改变;追溯调整时分两种情况;资产负债表上的项目正常写;利润表上的项目换成“利润分配——未分配利润”;会计政策变更不允许用“以前年度损益调整”;前期重大差错更正追溯调整时,资产负债表上的项目正常写;利润表上的项目换成“以前年度损益调整”。

7.1　会计政策变更

7.1.1　会计政策变更概述

7.1.1.1　会计政策的概念

会计政策,是指企业在会计确认、计量和报告中所采用的原则、基础和会计处理方法。其中,原则,是指按照企业会计准则规定的、适合于企业会计核算所采用的具体会计原则;基础,是指为了将会计原则应用于交易或者事项而采用的基础,主要是计量基础(即计量属性),包括历史成本、重置成本、可变现净值、现值和公允价值等;会计处理方法,是指企业在会计核算中按照法律、行政法规或者国家统一的会计制度等规定采用或者选择适合于本企业的具体会计处理方法。

会计政策包括:会计原则、计量基础和会计处理方法三个层次,而且三者是一个具有逻辑性的、密不可分的整体,通过这个整体,会计政策才能得以应用和落实。我国企业会计准则规定了多种会计原则、计量基础和具体会计处理方法,企业必须在允许的范围内选择适合本企业实际情况的会计政策。

企业在会计核算中采用的会计政策,通常应当在报表附注中予以披露,需要披露的重要会计政策包括以下几个方面。

(1)财务报表的编制基础、计量基础和会计政策的确定依据等。

(2)发出存货成本的计量方法。发出存货成本的计量,是指企业确定发出存货成本所采用的会计处理。例如,企业发出存货成本的计量是采用先进先出法,还是采用其他计量方法。

(3)长期股权投资的后续计量方法。长期股权投资的后续计量,是指企业取得长期股权投资后的会计处理。例如,企业对被投资单位的长期股权投资是采用成本法,还是采用权益法核算。

(4)投资性房地产的后续计量方法。投资性房地产的后续计量,是指企业在资产负债表日对投资性房地产进行后续计量所采用的会计处理。例如,企业对投资性房地产的后续计量是采用成本模式,还是公允价值模式。

(5)固定资产的初始计量方法。固定资产的初始计量,是指对取得的固定资产初始成本的计量。例如,企业取得的固定资产初始成本是以购买价款,还是以购买价款的现值为基础进行计量。

(6)无形资产的确认,是指对无形项目的支出是否确认为无形资产。例如,企业内部研究开发项目开发阶段的支出是确认为无形资产,还是在发生时计入当期损益。

(7)非货币性资产交换的计量方法。非货币性资产交换的计量,是指非货币性资产交换事项中对换入资产成本的计量。例如,非货币性资产交换是以换出资产的公允价值作为确定换入资产成本的基础,还是以换出资产的账面价值作为确定换入资产成本的基础。

(8)收入的确认,是指收入确认所采用的会计原则。例如,企业确认收入时要同时满足:已将商品所有权的主要风险和报酬转移给购货方;收入的金额能够可靠计量;相关经济利益很可能流入企业等条件。

(9)借款费用的处理,是指借款费用的会计处理方法,即是采用资本化,还是采用费用化。

(10)合并政策,是指编制合并财务报表所采纳的原则。例如,母公司与子公司的会计年度不一致的处理原则;合并范围的确定原则等。

(11)外币折算,是指外币折算所采用的方法以及汇兑损益的处理。例如,外币报表折算是采用现行汇率法,还是时态法或其他方法;发生的外币业务汇兑损益是计入发生当期的费用,还是资本化计入所购建固定资产的成本。

(12)其他重要会计政策。

7.1.1.2 会计政策变更的概念

会计政策变更,是指企业对相同的交易或者事项由原来采用的会计政策改用另一会计政策的行为。为保证会计信息的可比性,《企业会计准则——基本准则》规定,同一企业不同时期发生的相同或者相似的交易或者事项,应当采用一致的会计政策,不得随意变更,确需变更的,应当在附注中说明;不同企业发生的相同或者相似的交易或者事项,应当采用规定的会计政策,确保会计信息口径一致、相互可比。

企业不得随意变更会计政策并不意味着企业的会计政策在任何情况下均不能变更,符合企业会计准则规定的条件时,企业可以变更会计政策。

7.1.2 会计政策变更的条件

会计政策变更,并不意味着以前期间的会计政策是错误的,只是由于情况发生了变化,或者掌握了新的信息、积累了更多的经验,使得变更会计政策能够更好地反映企业的财务状况、经营成果和现金流量。如果以前期间会计政策的选择和运用是错误的,则属于前期差错,应按前期差错更正的会计处理办法进行处理。

在下述两种情形下,企业可以变更会计政策。

1. 法律、行政法规或者国家统一的会计制度等要求变更

法律、行政法规或者国家统一的会计制度等要求变更,是指按照法律、行政法规以及国家统一的会计制度的规定,要求企业采用新的会计政策,则企业应当按照法律、行政法规以及国家统一的会计制度的规定改变原会计政策,按照新的会计政策执行。例如,《企业会计准则第 1 号——存货》对发出存货实际成本的计价排除了后进先出法,这就要求执行企业会计准则体系的企业按照新规定,将原来以后进先出法核算发出存货成本改为准则规定可以采用的会计政策。

2. 会计政策变更能够提供更可靠、更相关的会计信息

会计政策变更能够提供更可靠、更相关的会计信息,是指由于经济环境、客观情况的改变,使企业原采用的会计政策所提供的会计信息,已不能恰当地反映企业的财务状况、经营成果和现金流量等情况。在这种情况下,应改变原有会计政策,按变更后新的会计政策进行会计处理,以便对外提供更可靠、更相关的会计信息。例如,企业一直采用成本模式对投资性房地产进行后续计量,如果企业能够从房地产交易市场上持续地取得同类或类似房地产的市场价格及其他相关信息,从而能够对投资性房地产的公允价值作出合理的估计,此时,企业可以将投资性房地产的后续计量方法由成本模式变更为公允价值模式。

对会计政策变更的认定,直接影响会计处理方法的选择。因此,在会计实务中,企业应当正确认定属于会计政策变更的情形。下列两种情况不属于会计政策变更。

(1)本期发生的交易或者事项与以前相比具有本质差别而采用新的会计政策。因为,会计政策是针对特定类型的交易或事项,如果发生的交易或事项与其他交易或事项有本质区别,那么企业实际上是为新的交易或事项选择适当的会计政策,并没有改变原有的会计政策。例如,企业以往租入的设备均为临时需要而租入的,企业按经营租赁会计处理方法核算;但自本年度起租入的设备均采用融资租赁方式,则该企业自本年度起对新租赁的设备采用融资租赁会计处理方法核算。由于该企业原租入的设备均为经营性租赁,本年度起租赁的设备均改为融资租赁,经营租赁和融资租赁有着本质差别,因而改变会计政策不属于会计政策变更。

(2)对初次发生的或不重要的交易或者事项采用新的会计政策。对初次发生的某类交易或事项采用适当的会计政策,并未改变原有的会计政策。例如,企业以前没有建造合同业务,当签订一项建造合同为另一企业建造三栋厂房时,对该项建造合同采用完工百分比法确认收入,不是会计政策变更。至于对不重要的交易或事项采用新的会计政策,不按会计政策变更作出会计处理,并不影响会计信息的可比性,所以也不作为会计政策变更。例如,企业在原生产经营过程中使用少量的低值易耗品,并且价值较低,故企业在领用低值易耗品时一次计入费用;该企业于近期投产新产品,所需低值易耗品比较多,且价值较高,企业对领用的低值易耗品处理方法改为五五摊销法。该企业低值易耗品在企业生产经营中所占的费用比例并不大,改变低值易耗

品处理方法后,对损益的影响也不大,属于不重要的事项,会计政策在这种情况下的改变不属于会计政策变更。

7.1.3 会计政策变更的会计处理

发生会计政策变更时,有两种会计处理方法,即追溯调整法和未来适用法,两种方法适用于不同情形。

7.1.3.1 追溯调整法

追溯调整法,是指对某项交易或事项变更会计政策,视同该项交易或事项初次发生时即采用变更后的会计政策,并以此对财务报表相关项目进行调整的方法。

追溯调整法通常由以下步骤构成:

第一步,计算会计政策变更的累积影响数;

第二步,编制相关项目的调整分录;

第三步,调整列报前期最早期初财务报表相关项目及其金额;

第四步,附注说明。

其中,会计政策变更累积影响数,是指按照变更后的会计政策对以前各期追溯计算的列报前期最早期初留存收益应有金额与现有金额之间的差额。根据上述定义的表述,会计政策变更的累积影响数可以分解为以下两个金额之间的差额:①在变更会计政策当期,按变更后的会计政策对以前各期追溯计算,所得到列报前期最早期初留存收益金额;②在变更会计政策当期,列报前期最早期初留存收益金额。上述留存收益金额,包括盈余公积和未分配利润等项目,不考虑由于损益的变化而应当补分的利润或股利。例如,由于会计政策变化,增加了以前期间可供分配的利润,该企业通常按净利润的20%分派股利。但在计算调整会计政策变更当期期初的留存收益时,不应当考虑由于以前期间净利润的变化而需要分派的股利。

会计政策变更的累积影响数,通常可以通过以下步骤计算获得:

第一步,根据新会计政策重新计算受影响的前期交易或事项;

第二步,计算两种会计政策下的差异;

第三步,计算差异的所得税影响金额;

第四步,确定前期中的每一期的税后差异;

第五步,计算会计政策变更的累积影响数。

采用追溯调整法时,对于比较财务报表期间的会计政策变更,应调整各期间净损益各项目和财务报表其他相关项目,视同该政策在比较财务报表期间上一直采用。对于比较财务报表可比期间以前的会计政策变更的累积影响数,应调整比较财务报表最早期间的期初留存收益,财务报表其他相关项目的数字也应一并调整。

【例7.1】 甲公司2008年、2009年分别以900万元和220万元的价格从股票市场购入A、B两只以交易为目的的股票(假设不考虑购入股票发生的交易费用),市价一直高于购入成本。公司采用成本与市价孰低法对购入股票进行计量。公司从2010年起对其以交易为目的购入的股票由成本与市价孰低法计量改为公允价值计量，公司保存的会计资料比较齐备，可以通过会计资料追溯计算。假设所得税税率为25%，公司按净利润的10%提取法定盈余公积，按净利润的5%提取任意盈余公积。公司发行股票份额为9 000万股。两种方法计量的交易性金融资产账面价值，如表7.1所示。

表7.1 两种方法计量的交易性金融资产账面价值 单位：万元

股票	成本与市价孰低	2008年年末公允价值	2009年年末公允价值
A股票	900	1 020	1 020
B股票	220	—	260

根据上述资料，甲公司的会计处理如下。

1. 计算改变交易性金融资产计量方法后的累积影响数（如表7.2所示）

表7.2 改变交易性金融资产计量方法后的积累影响数 单位：万元

时间	公允价值	成本与市价孰低	税前差异	所得税影响	税后差异
2008年末	1 020	900	120	30	90
2009年末	260	220	40	10	30
合计	1 280	1 120	160	40	120

甲公司2010年12月31日的比较财务报表列报前期最早期初为2009年1月1日。

甲公司在2008年末按公允价值计量的账面价值为1 020万元，按成本与市价孰低计量的账面价值为900万元，两者的所得税影响合计为30万元，两者差异的税后净影响额为90万元，即该公司2009年期初由成本与市价孰低改为公允价值的累积影响数为90万元。

甲公司在2009年末按公允价值计量的账面价值为1 280万元，按成本与市价孰低计量的账面价值为1 120万元，两者的所得税影响合计为40万元，两者差异的税后净影响额为120万元，其中，90万元是调整2008年累积影响数，30万元是调整2009年当期金额。

甲公司按照公允价值重新计量2009年年末股票账面价值，其结果为公允价值变动收益少计了40万元，所得税费用少计了10万元，净利润少计了30万元。

2. 编制有关项目的调整分录

（1）对2008年有关事项的调整分录如下。

①调整交易性金融资产的会计分录。

借：交易性金融资产——公允价值变动　　1 200 000

　　贷：利润分配——未分配利润　　900 000

递延所得税负债　　300 000

②调整利润分配的会计分录。

按照净利润的10%提取法定盈余公积,按照净利润的5%提取任意盈余公积,共计提取盈余公积90×15% =13.5(万元)。

借:利润分配——未分配利润　　135 000

贷:盈余公积　　135 000

(2)对2009年有关事项的调整分录如下。

①调整交易性金融资产的会计分录。

借:交易性金融资产——公允价值变动　　400 000

贷:利润分配——未分配利润　　300 000

递延所得税负债　　100 000

②调整利润分配的会计分录。

按照净利润的10%提取法定盈余公积,按照净利润的5%提取任意盈余公积,共计提取盈余公积30×15% =4.5(万元)。

借:利润分配——未分配利润　　45 000

贷:盈余公积　　45 000

3.财务报表调整和重述

甲公司在列报2010年财务报表时,应调整2010年资产负债表有关项目的年初余额、利润表有关项目的上年金额及所有者权益变动表有关项目的上年金额和本年金额。

(1)资产负债表项目的调整:

调增交易性金融资产年初余额160万元;调增递延所得税负债年初余额40万元;调增盈余公积年初余额18万元;调增未分配利润年初余额102万元。

(2)利润表项目的调整:

调增公允价值变动收益上年金额40万元;调增所得税费用上年金额10万元;调增净利润上年金额30万元;调增基本每股收益上年金额0.0033元。

试试看,你能行:

在上述例7.1中,假如你是甲公司的会计人员,在列报2010年财务报表时,你认为应调整所有者权益变动表中的哪些项目?调整金额是多少?试试吧。

7.1.3.2 未来适用法

未来适用法,是指将变更后的会计政策应用于变更日及以后发生的交易或者事项,或者在会计估计变更当期和未来期间确认会计估计变更影响数的方法。

在未来适用法下,不需要计算会计政策变更产生的累积影响数,也无需重编以前年度的财务报表。企业会计账簿记录及财务报表上反映的金额,变更之日仍保留原有的金额,不因会计政策变更而改变以前年度的既定结果,并在现有金额的基础上再按新的会计政策进行核算。

【例7.2】 甲公司原对发出存货采用后进先出法,由于执行新准则,按其规定,公司从2010年1月1日起改用先进先出法。2010年1月1日存货的价值为500万元,公司当年购入存货的实际成本为3 600万元。2010年12月31日按先进先出法计算确定的存货价值为900万元,当年销售额为5 000万元,假设该年度其他费用为240万元,所得税税率为25%。2010年12月31日按后进先出法计算的存货价值为440万元。

甲公司由于法律环境变化而改变会计政策,假定对其采用未来适用法进行处理,即对存货采用先进先出法从2010年及以后才适用,不需要计算2010年1月1日以前按先进先出法计算存货应有的余额,以及对留存收益的影响金额。

计算确定会计政策变更对当期净利润的影响数,如表7.3所示。

表7.3 当期净利润的影响数计算表 单位:万元

项 目	先进先出法	后进先出法
营业收入	5 000	5 000
减:营业成本	3 200	3 660
减:其他费用	240	240
利润总额	1 560	1 100
减:所得税	390	275
净利润	1 170	825
差 额	345	

公司由于会计政策变更使当期净利润增加了345万元。其中,采用先进先出法的销售成本=期初存货+购入存货实际成本-期末存货=500+3 600-900=3 200(万元);采用后进先出法的销售成本=期初存货+购入存货实际成本-期末存货=500+3 600-440=3 660(万元)。

7.1.3.3 会计政策变更的会计处理方法的选择

对于会计政策变更,企业应当根据具体情况,分别采用不同的会计处理方法。

(1)在法律、行政法规或者国家统一的会计制度等要求变更的情况下,企业应当分以下情况进行处理:①国家发布相关的会计处理办法,则按照国家发布的相关会计处理规定进行处理;②国家没有发布相关的会计处理办法,则采用追溯调整法进行会计处理。

(2)在会计政策变更能够提供更可靠、更相关的会计信息的情况下,企业应当采用追溯调整法进行会计处理,将会计政策变更累积影响数调整列报前期最早期初留存收益,其他相关项目的期初余额和列报前期披露的其他比较数据也应当一并调整。

(3)确定会计政策变更对列报前期影响数不切实可行的,应当从可追溯调整的最早期间期初开始应用变更后的会计政策;在当期期初确定会计政策变更对以前各期累积影响数不切实可行的,应当采用未来适用法处理。

7.1.4 会计政策变更的披露

企业应当在附注中披露与会计政策变更有关的下列信息。

(1)会计政策变更的性质、内容和原因。包括:会计政策变更的简要阐述、变更的日期、变更前采用的会计政策和变更后采用的新会计政策及变更的原因。

(2)当期和各个列报前期财务报表中受影响的项目名称和调整金额。包括:采用追溯调整法时,计算出的会计政策变更的累积影响数;当期和各个列报前期财务报表中需要调整的净损益及其影响金额,以及其他需要调整的项目名称和调整金额。

(3)无法进行追溯调整的,说明该事实和原因以及开始应用变更后的会计政策的时点、具体应用情况。包括:无法进行追溯调整的事实;确定会计政策变更对列报前期影响数不切实可行的原因;在当期期初确定会计政策变更对以前各期累积影响数不切实可行的原因;开始应用新会计政策的时点和具体应用情况。

需要注意的是,在以后期间的财务报表中,不需要重复披露在以前期间的附注中已披露的会计政策变更的信息。

【例 7.3】 沿用例 7.1,甲公司应在财务报表附注中作如下说明。

本公司 2010 年按照会计准则规定,对交易性金融资产计量由成本与市价孰低改为以公允价值计量。此项会计政策变更采用追溯调整法,2010 年比较财务报表已重新表述。2009 年期初运用新会计政策追溯计算的会计政策变更累积影响数为 90 万元,调增 2009 年的期初留存收益 90 万元,其中,调增未分配利润 76.5 万元,调增盈余公积 13.5 万元。会计政策变更对 2010 年度财务报表本年金额的影响为调增未分配利润 25.5 万元,调增盈余公积 4.5 万元,调增净利润 30 万元。

【例 7.4】 沿用例 7.2,甲公司应在财务报表附注中作如下说明。

本公司对存货原采用后进先出法计价,由于施行新会计准则改用先进先出法计价。按照《企业会计准则第 38 号——首次执行企业会计准则》的规定,对该项会计政策变更应当采用未来适用法。由于该项会计政策变更,当期净利润增加 345 万元。

7.2 会计估计变更

7.2.1 会计估计变更概述

7.2.1.1 会计估计的概念

会计估计,是指企业对结果不确定的交易或者事项以最近可利用的信息为基础所作的判断。

在会计核算中,企业总是力求保持会计核算的准确性,但有些经济业务本身具有不确定性,因而需要根据经验作出估计。例如,坏账、固定资产折旧年限、固定资产残余价值、无形资产摊销年限等。由于会计分期和货币计量的前提,在确认和计量过程中,不得不对许多尚在延续中、其结果尚未确定的交易或事项予以估计入账。但是,进行会计估计并不会削弱会计核算的可靠性。企业在进行会计估计时,通常应根据当时的情况和经验,以一定的信息或资料为基础进行。但是,随着时间的推移、环境的变化,进行会计估计的基础可能会发生变化,因此,应以最近可利用的信息或资料为基础进行会计估计。

企业在会计核算中所作的会计估计,通常应当在报表附注中予以披露。企业应当披露的重要会计估计包括:

(1)存货可变现净值的确定;

(2)采用公允价值模式下的投资性房地产公允价值的确定;

(3)固定资产的预计使用寿命与净残值,固定资产的折旧方法;

(4)使用寿命有限的无形资产的预计使用寿命与净残值;

(5)预计负债初始计量的最佳估计数的确定;

(6)债务人债务重组中转让的非现金资产的公允价值、由债务转成的股份的公允价值和修改其他债务条件后债务的公允价值的确定,债权人债务重组中受让的非现金资产的公允价值、由债权转成的股份的公允价值和修改其他债务条件后债权的公允价值的确定;

(7)金融资产公允价值的确定;

(8)其他重要会计估计。

7.2.1.2 会计估计变更的概念

会计估计变更,是指由于资产和负债的当前状况及预期经济利益和义务发生了变化,从而对资产或负债的账面价值或者资产的定期消耗金额进行调整。

通常情况下,企业可能由于以下原因而发生会计估计变更。

(1)赖以进行估计的基础发生了变化。企业进行会计估计,总是依赖于一定的基础。如果其所依赖的基础发生了变化,则会计估计也应相应发生变化。例如,企业的某项无形资产摊销年限原定为20年,以后发生的情况表明,该资产的受益年限已不足20年,相应调减摊销年限。

(2)取得了新的信息,积累了更多的经验。企业进行会计估计是就现有资料对未来所作的判断,随着时间的推移,企业有可能取得新的信息、积累更多的经验,在这种情况下,企业可能不得不对会计估计进行修订,即发生会计估计变更。例如,企业原采用平均年限法按10年对固定资产计提折旧,后来根据新得到的信息表明,固定资产经济寿命不足10年,只有6年,企业改采用平均年限法按6年计提折旧。

会计估计变更,并不意味着以前期间会计估计是错误的,只是由于情况发生了变化,或者掌握了新的信息,积累了更多的经验,使得变更会计估计能够更好地反映企业的财务状况和经营成果。如果以前期间的会计估计是错误的,则属于会计差错,应按会计差错更正的会计处理办法进行处理。

7.2.2 会计估计变更的会计处理

企业对会计估计变更应当采用未来适用法处理，即在会计估计变更当期及以后期间采用新的会计估计，不改变以前期间的会计估计，也不调整以前期间的报告结果。

(1)如果会计估计的变更仅仅影响变更当期，有关会计估计的影响数应当在变更当期予以确认。例如，企业原按应收账款余额的5%提取坏账准备，由于企业不能收回应收账款的比例已达10%，则企业改按应收账款余额的10%提取坏账准备。这类会计估计的变更，只影响变更当期，因此，应于变更当期确认。

(2)如果会计估计的变更既影响变更当期又影响未来期间，有关会计估计的影响数应当在变更当期和未来期间予以确认。例如，企业的某项可计提折旧的固定资产，当其有效使用年限或预计净残值的估计发生变更时，常常影响变更当期及资产以后使用年限内各个期间的折旧费用。这类会计估计的变更，应于变更当期及以后各期确认。

会计估计变更的影响数应计入变更当期与前期相同的项目中。为了保证不同期间的财务报表具有可比性，如果以前期间的会计估计变更的影响数计入企业日常经营活动损益，则以后期间也应计入企业日常经营活动损益；如果以前期间的会计估计变更的影响数计入特殊项目，则以后期间也应计入特殊项目。

(3)企业应当正确区分会计政策变更和会计估计变更，并按不同的方法进行相关会计处理。企业通过判断会计政策变更和会计估计变更的划分基础仍然难以对某项变更进行区分的，应当将其作为会计估计变更处理。

【例7.5】 甲公司有一台管理用设备，原始价值为16.8万元，预计使用寿命为8年，净残值为0.8万元，自2006年1月1日起按直线法计提折旧。2010年1月，由于新技术的发展等原因，需要对原预计使用寿命和净残值作出修正，修改后的预计使用寿命为6年，净残值为0.4万元。假定税法允许按变更后的折旧额在税前扣除。

1.分析

甲公司对上述会计估计变更的处理如下：①不调整以前各期折旧，也不计算累积影响数；②变更日以后发生的经济业务改按新估计使用寿命提取折旧。

2.计算

按原估计，每年折旧额为2万元，已计提折旧4年，共计8万元，固定资产净值为8.8万元，则第5年相关科目的年初余额如表7.4所示。

表7.4 相关科目年初余额表 单位：万元

项目	金额
固定资产	16.8
减：累计折旧	8
固定资产净值	8.8

改变估计使用寿命后，2010 年 1 月 1 日起每年计提的折旧费用为 4.2（4.2 = (8.8 − 0.4) ÷ (6 − 4)）万元。2010 年不必对以前年度已计提折旧进行调整，只需按重新预计的尚可使用寿命和净残值计算确定年折旧费用。

试试看，你能行：

在上述例 7.5 中，假如你是甲公司的会计人员，你能根据上述会计估计变更的结果作出该公司 2010 年计提折旧的会计分录吗？试试吧。

7.2.3 会计估计变更的披露

企业应当在附注中披露与会计估计变更有关的下列信息。

（1）会计估计变更的内容和原因。包括变更的内容、变更日期以及为什么要对会计估计进行变更。

（2）会计估计变更对当期和未来期间的影响数。包括会计估计变更对当期和未来期间损益的影响金额以及对其他各项目的影响金额。

（3）会计估计变更的影响数不能确定的，披露这一事实和原因。

【例 7.6】 沿用例 7.5，甲公司应在财务报表附注中作如下说明。

本公司一台管理用设备，原始价值为 16.8 万元，原预计使用寿命为 8 年，预计净残值为 0.8 万元，按直线法计提折旧。由于新技术的发展，该设备已不能按原预计使用寿命计提折旧，本公司于 2010 年初变更该设备的使用寿命为 6 年，预计净残值为 0.4 万元，以反映该设备的真实使用寿命和净残值。此估计变更影响本年度净利润减少数为 1.65（1.65 = (4.2 − 2) × (1 − 25%)）万元。

7.3 前期差错更正

7.3.1 前期差错的概念

前期差错，是指由于没有运用或错误运用下列两种信息，而对前期财务报表造成省略或错报：①编报前期财务报表时预期能够取得并加以考虑的可靠信息；②前期财务报告批准报出时能够取得的可靠信息。

前期差错通常包括：计算错误、应用会计政策错误、疏忽或曲解事实以及舞弊产生的影响、存货或固定资产盘盈等。没有运用或错误运用上述两种信息而形成前期差错的情形主要有以下几种。

（1）计算以及账户分类错误。例如，企业本期应计提折旧 3 000 万元，但由于计算出现差错，得出错误数字 2 500 万元。又如，企业购入的五年期国债，意图长期持有，但在记账时计入了交易性金融资产，导致账户分类上的错误以及在资产负债表上流动资产和非流动资产分类上的错误。

（2）应用会计政策错误。例如，按照借款费用准则的规定，为购建固定资产的专门借款而发生的借款费用,满足一定条件的,在固定资产达到预定可使用状态前发生的金额应予资本化,计入所购建固定资产的成本;在固定资产达到预定可使用状态后发生的金额计入当期损益。如果企业固定资产已达到预定可使用状态后发生的借款费用,也计入该固定资产的价值,予以资本化,则属于采用法律或会计准则等行政法规、规章所不允许的会计政策。

(3)对事实的疏忽、曲解以及舞弊。例如,企业对某项建造合同应按建造合同规定的方法确认营业收入,但该企业却按确认商品销售收入的原则确认收入。又如,企业销售商品一批,商品已经发出,开出增值税专用发票,商品销售收入的确认条件均以满足,但企业在期末时未将已实现的销售收入入账。

(4)在期末对应计项目与递延项目未予调整。例如,企业应在本期摊销的费用在期末时未予摊销。

(5)提前确认尚未实现的收入或不确认已实现的收入。例如,在采用委托代销商品的销售方式下,应以收到代销单位的代销清单时,确认商品销售收入的实现,如企业在发出委托代销商品时即确认为收入,则为提前确认尚未实现的收入。

(6)资本性支出与收益性支出划分差错,等等。例如,企业发生的管理人员的工资一般作为收益性支出,而发生的在建工程人员工资一般作为资本性支出。如果企业将发生的在建工程人员工资计入了当期损益,则属于资本性支出与收益性支出的划分差错。

7.3.2 前期差错更正的会计处理

7.3.2.1 不重要的前期差错的会计处理

不重要的前期差错,是指不足以影响财务报表使用者对企业财务状况、经营成果和现金流量作出正确判断的前期差错。

对于不重要的前期差错,企业不需调整财务报表相关项目的期初数,但应调整发现当期与前期相同的相关项目。属于影响损益的,应直接计入本期与上期相同的净损益项目。

【例7.7】 甲公司在2009年12月31日发现,一台价值19 200元,应计入固定资产,并于2008年2月1日开始计提折旧的管理用设备,在2008年计入了当期费用。该公司固定资产折旧采用直线法,该资产估计使用年限为4年,假设不考虑净残值因素。则在2009年12月31日更正此差错的会计分录如下:

借:固定资产	19 200	
贷:管理费用		10 000
累计折旧		9 200

假设该项差错直到2011年2月后才发现,则不需要作任何分录,因为该差错已经抵销了。

7.3.2.2 重要的前期差错的会计处理

重要的前期差错,是指足以影响财务报表使用者对企业财务状况、经营成果和现金流量作出正确判断的前期差错。

企业应当采用追溯重述法更正重要的前期差错，但确定前期差错累积影响数不切实可行的除外。对于重要的前期差错，企业应当在其发现当期的财务报表中，调整前期比较数据。具体地说，企业应当在重要的前期差错发现当期的财务报表中，通过下述处理对其进行追溯更正：

（1）追溯重述差错发生期间列报的前期比较金额；

（2）如果前期差错发生在列报的最早前期之前，则追溯重述列报的最早前期的资产、负债和所有者权益相关项目的期初余额。

对于发生的重要的前期差错，如影响损益，应将其对损益的影响数调整发现当期的期初留存收益，财务报表其他相关项目的期初数也应一并调整；如不影响损益，应调整财务报表相关项目的期初数。

在编制比较财务报表时，对于比较财务报表期间的重要的前期差错，应调整该期间的净损益和其他相关项目，视同该差错在产生的当期已经更正；对于比较财务报表期间以前的重要的前期差错，应调整比较财务报表最早期间的期初留存收益，财务报表其他相关项目的数字也应一并调整。

确定前期差错影响数不切实可行的，可以从可追溯重述的最早期间开始调整留存收益的期初余额，财务报表其他相关项目的期初余额也应当一并调整，也可以采用未来适用法。

【例 7.8】　甲公司在 2010 年发现，2009 年公司漏记一项固定资产的折旧费用 30 万元，所得税申报表中未扣除该项费用。假设 2009 年适用所得税税率为 25%，无其他纳税调整事项。该公司按净利润的 10% 和 5% 分别提取法定盈余公积和任意盈余公积。公司发行股票份额为 150 万股。

1. 分析前期差错的影响数

2009 年少计折旧费用 300 000 元；多计所得税费用 75 000（75 000 = 300 000 × 25%）元；多计净利润 225 000 元；多计应交税费 75 000（75 000 = 300 000 × 25%）元；多提法定盈余公积和任意盈余公积 22 500（22 500 = 225 000 × 10%）元和 11 250（11 250 = 225 000 × 5%）元。

2. 编制有关项目的调整分录

（1）补提折旧的会计分录。

借：以前年度损益调整　　300 000

　　贷：累计折旧　　300 000

（2）调整应交所得税的会计分录。

借：应交税金——应交所得税　　75 000

　　贷：以前年度损益调整　　75 000

（3）将“以前年度损益调整”科目余额转入利润分配的会计分录。

借：利润分配——未分配利润　　225 000

贷:以前年度损益调整　　225 000

(4)调整利润分配有关数字的会计分录。

借:盈余公积　　33 750

贷:利润分配——未分配利润　　33 750

3.财务报表调整和重述

该公司在列报2010年财务报表时,应调整2010年资产负债表有关项目的年初余额、利润表有关项目及所有者权益变动表的上年金额也应进行调整。

(1)资产负债表项目的调整:

调增累计折旧300 000元;调减应交税费75 000元;调减盈余公积33 750元;调减未分配利润191 250元。

(2)利润表项目的调整:

调增营业成本上年金额300 000元;调减所得税费用上年金额75 000元;调减净利润上年金额225 000元;调减基本每股收益上年金额0.15元。

试试看,你能行:

在上述例7.8中,假如你是甲公司的会计人员,在列报2010年财务报表时,你认为应调整所有者权益变动表中的哪些项目?调整金额是多少?试试吧。

7.3.3 前期差错更正的披露

企业应当在附注中披露与前期差错更正有关的下列信息:

(1)前期差错的性质;

(2)各个列报前期财务报表中受影响的项目名称和更正金额;

(3)无法进行追溯重述的,说明该事实和原因以及对前期差错开始进行更正的时点、具体更正情况。

【例7.9】 沿用例7.8,甲公司应在财务报表附注中作如下说明。

本年度发现2009年漏记固定资产折旧30万元,在编制2009年与2010年比较财务报表时,已对该项差错进行了更正。更正后,调减2009年净利润及留存收益22.5万元,调增累计折旧30万元。

知识链接

1.本章主要介绍了会计政策、会计估计变更和差错更正的有关概念及会计处理。应重点关注的问题有:会计政策变更的概念及其变更条件、会计政策变更的会计处理;会计估计及其变更的概念、会计估计变更的会计处理;前期差错的概念、前期差错更正的会计处理等。

2.本章内容与其他章节的有关内容联系密切,如《初级企业财务会计》中的固定资产、长期股权投资，本书的所得税、资产负债表日后事项等，应特别注意融会贯通的学习。

3. 本章介绍的因会计政策变更、前期差错更正等而对资产负债表、利润表、所有者权益变动表等相关项目的调整和重述，应与《初级企业财务会计》第12章“财务报表”中介绍的知识结合起来，注意相关项目的调整分录金额与比较财务报表中的数字的对应。

4. 学习本章内容，可以阅读和参考《企业会计准则第28号——会计政策、会计估计变更和差错更正》及其应用指南、《企业会计准则讲解(2008)》第二十九章“会计政策、会计估计变更和差错更正”、《企业会计准则——应用指南》中的“会计科目和主要账务处理”等内容。

8

资产负债表日后事项

学习要求

(1)掌握资产负债表日后事项的概念。

(2)掌握资产负债表日后事项涵盖的期间。

(3)掌握资产负债表日后调整事项的处理原则及会计处理。

(4)掌握资产负债表日后非调整事项的处理原则及会计处理。

能力目标

通过本章的学习,应当掌握和具备下列职业技能:

(1)能够正确区别和判断资产负债表日后调整事项及资产负债表日后非调整事项;

(2)能够对资产负债表日后调整事项作出正确会计处理;

(3)能够根据资产负债表日后调整事项的会计分录准确完成资产负债表、利润表、所有者权益变动表等相关项目的调整;

(4)能够在对资产负债表日后非调整事项正确判断的基础上,作出恰当的披露处理。

学习指导

(1)本章内容与其他各个章节有着密切的联系,应将本章内容与相关章节结合学习,如与会计政策、会计估计变更和前期差错更正的内容结合学习。

(2)首先应当明确资产负债表日后事项的含义,理解资产负债表日后事项涵盖的期间。

(3)重点理解资产负债表日后调整事项与非调整事项的区别,知道主要区别在于事项表明的情况在资产负债表日或资产负债表日以前存在与否,应能通过对例题的研读,体会两者的区别。

(4)着重研读资产负债表日后调整事项的会计处理原则,并结合例题,掌握资产负债表日后调整事项的会计处理方法。

8.1 资产负债表日后事项概述

8.1.1 资产负债表日后事项的概念

资产负债表日后事项,是指资产负债表日至财务报告批准报出日之间发生的有利或不利事项。理解这一概念,需要注意以下方面。

1. 资产负债表日

资产负债表日,是指提供资产负债表的报告期末,包括会计年度末和会计中期期末。其中,年度资产负债表日是指每年的12月31日;会计中期是指短于一个完整的会计年度的报告期间,通常包括半年度、季度和月度等,因此,中期资产负债表日包括公历半年末、季末和月末等。例如,提供第一季度财务报告时,资产负债表日是指该年度的3月31日;提供半年度财务报告时,资产负债表日是指该年度的6月30日。

2. 财务报告批准报出日

财务报告批准报出日,是指董事会或类似机构批准财务报告报出的日期。财务报告的批准者包括:所有者、所有者中的多数、董事会或类似的管理单位、部门和个人。公司制企业的董事会有权批准对外公布财务报告,因此,公司制企业财务报告批准报出日,是指董事会批准财务报告报出的日期。非公司制企业财务报告批准报出日,是指经理(厂长)会议或类似机构批准财务报告报出的日期。

3. 有利或不利事项

资产负债表日后事项包括有利事项和不利事项。有利或不利事项,是指资产负债表日后事项肯定对企业财务状况和经营成果具有一定影响(既包括有利影响也包括不利影响)。如果某些事项的发生对企业并无任何影响,那么,这些事项既不是有利事项也不是不利事项,也就不属于本文所界定的资产负债表日后事项。

综上所述,资产负债表日后事项限定在一个特定的期间内,即资产负债表日后至财务会计报告批准报出日之间发生的事项，它是对资产负债表日存在状况的一种补充或说明。需要指出的是，这里的财务报告是指对外提供的财务报告，不包括为企业内部管理部门提供的内部财务报表。进一步说，资产负债表日后事项不是在这个特定期间内发生的全部事项，而是与资产负债表日存在状况有关的事项，或虽然与资产负债表日存在状况无关，但对企业财务状况具有重大影响的事项。

8.1.2 资产负债表日后事项涵盖的期间

资产负债表日后事项涵盖的期间是自资产负债表日次日起至财务报告批准报出日止的一段时间。对上市公司而言，这个期间内涉及几个日期，包括完成财务报告编制日、注册会计师出具审计报告日、董事会批准财务报告可以对外公布日、实际对外公布日等。

资产负债表日后事项涵盖期间的确定，包括起始日期和截止日期两个方面。其中，起始日期的确定比较明确，即报告期间下一期间的第一天，因此，重点是确定截止日期。具体而言，资产负债表日后事项涵盖的期间应当包括以下两部分。

(1)报告期间下一期间的第一天起至董事会，或经理(厂长)会议或类似机构批准财务报告对外公布的日期，即以董事会，或经理(厂长)会议或类似机构批准财务报告对外公布的日期为截止日期。

(2)董事会，或经理(厂长)会议或类似机构批准财务报告可以对外公布日，与实际对外公布日之间发生的与资产负债表日后事项有关的事项，由此影响财务报告对外公布日期的，应以董事会，或经理(厂长)会议或类似机构再次批准财务报告对外公布的日期为截止日期。

【例8.1】 甲上市公司2009年的年度财务报告于2010年3月15日编制完成，注册会计师完成年度审计工作并签署审计报告的日期是2010年4月12日，2010年4月20日董事会批准财务报告对外公布，财务报告实际对外公布的日期为2010年4月25日，股东大会召开的日期是2010年5月6日。

根据资产负债表日后事项涵盖期间的规定，本例中，该公司2009年年报的资产负债表日后事项涵盖的期间为2010年1月1日~2010年4月20日。如果在4月20日~4月25日之间发生了重大事项，需要调整财务报表相关项目的数字或需要在报表附注中披露，经调整或说明后的财务报告再经董事会批准报出的日期为2010年4月28日，实际报出的日期为2010年4月30日，则资产负债表日后事项涵盖的期间为2010年1月1日~2010年4月28日。

试试看，你能行：

甲上市公司2009年年度财务会计报告于2010年2月20日完成，注册会计师完成审计并签署审计报告的日期是2010年4月15日，经董事会批准可以对外公布的日期是2010年4月21日，正式对外公布的日期是2010年4月30日。

你能确定该公司资产负债表日后事项涵盖的期间吗？试试吧。

8.1.3 资产负债表日后事项的内容

资产负债表日后事项包括两类：一类是对资产负债表日已经存在的情况提供了新的或进一步证据的事项；一类是资产负债表日后才发生的事项。前者称为调整事项；后者称为非调整事项。

8.1.3.1 调整事项

资产负债表日后调整事项，是指对资产负债表日已经存在的情况提供了新的或进一步证据的事项。

由于资产负债表日后获得新的或进一步的证据，表明依据资产负债表日存在状况编制的财务报告已不再可靠，应依据新的证据对资产负债表日所反映的收入、费用、资产、负债以及所有者权益进行调整，该类事项属于调整事项。

调整事项主要具有以下特点：

(1)相关情况在资产负债表日或之前已经存在，资产负债表日后得到新的或进一步证据；

(2)对依据资产负债表日已经存在的状况编制的财务报告产生重大影响。

企业发生的资产负债表日后调整事项，通常包括以下各项：①资产负债表日后诉讼案件结案，法院判决证实了企业在资产负债表日已经存在现时义务，需要调整原先确认的与该诉讼案件相关的预计负债，或确认一项新负债；②资产负债表日后取得确凿证据，表明某项资产在资产负债表日发生了减值或者需要调整该项资产原先确认的减值金额；③资产负债表日后进一步确定了资产负债表日前购入资产的成本或售出资产的收入；④资产负债表日后发现了财务报表舞弊或差错。

试试看，你能行：

甲公司2009年年度财务报告批准报出日为2010年4月30日，该公司在2010年4月30日之前发生的下列事项，不属于调整事项的是(　　)。

A. 2010年2月10日，法院判决保险公司对2009年12月3日发生的火灾赔偿15万元

B. 2009年11月销售给某单位的10万元商品，在2010年1月25日被退回

C. 2010年1月30得到通知，上年度应收某单位的货款20万元，因该单位破产而无法收回，上年末已对该应收账款计提坏账准备1万元

D. 2010年2月10日因遭受水灾，上年购入的存货发生损毁150万元

8.1.3.2 非调整事项

资产负债表日后非调整事项，是指表明资产负债表日后发生的情况的事项。

在资产负债表日该事项的状况并不存在，资产负债表日后才发生或存在的事项，其事项不涉及资产负债表日存在状况，但为了对外提供更有用的会计信息，必须以适当的方式披露这类事项，这类事项为非调整事项。

非调整事项的发生不影响资产负债表日的存在情况，但不加以说明将会影响财务会计报告使用者作出正确估计和决策。其主要特点是：

（1）相关情况在资产负债表日或之前并未发生或存在，完全是在资产负债表日后发生的；

（2）对理解和分析财务会计报告有着重大影响。

企业发生的资产负债表日后非调整事项，通常包括下列各项：①资产负债表日后发生重大诉讼、仲裁、承诺；②资产负债表日后资产价格、税收政策、外汇汇率发生重大变化；③资产负债表日后因自然灾害导致资产发生重大损失；④资产负债表日后发行股票和债券以及其他巨额举债；⑤资产负债表日后资本公积转增资本；⑥资产负债表日后发生巨额亏损；⑦资产负债表日后发生企业合并或处置子公司。

8.1.3.3 调整事项和非调整事项的区别

调整事项和非调整事项都是在资产负债表日后至财务报告批准报出日之间发生或存在的，对报告年度的财务报告所反映的财务状况、经营成果都将产生重大影响。但二者之间存在区别，区别主要表现在事项表明的情况在资产负债表日或资产负债表日以前存在与否。调整事项是存在于资产负债表日或以前，在资产负债表日后提供了证据对以前已存在的事项作了进一步说明；而非调整事项是在资产负债表日尚未存在，但在财务报告批准报出日之前发生或存在。

【例 8.2】 债务人乙公司财务状况恶化导致债权人甲公司发生坏账损失。包括两种情况：①2009 年 12 月 31 日乙公司财务状况良好，甲公司预计应收账款可以按时收回，乙公司一周后发生重大火灾，导致甲公司 50% 的应收账款无法收回；②2009 年 12 月 31 日甲公司根据掌握的资料判断，乙公司有可能破产清算，甲公司估计对乙公司的应收账款将有 10% 无法收回，故按 10% 的比例计提坏账准备，一周后甲公司接到通知，乙公司已经被宣告破产清算，甲公司估计有 70% 的债券无法收回。

本例中，情况①导致甲公司 2009 年度应收账款损失的原因是火灾，应收账款发生损失这一事实在资产负债表日以后才发生，因此乙公司发生火灾导致甲公司应收账款发生坏账的事项属于非调整事项；情况②导致甲公司 2009 年度应收账款无法收回的事实是乙公司财务状况恶化，该事实在资产负债表日已经存在，乙公司被宣告破产只是证实了资产负债表日财务状况恶化的情况，因此该事项属于调整事项。

8.2 资产负债表日后调整事项

8.2.1 资产负债表日后调整事项的处理原则

资产负债表日后发生的调整事项，应当如同资产负债表所属期间发生的事项一样，作出相关账务处理，并对资产负债表日已编制的财务报表作相应的调整。这里的财务报表包括资产负债表、利润表及其相关附表和现金流量表的补充资料内容，但不包括现金流量表正表。由于资产负债表日后事项发生在次年,上年度的有关账目已经结转,特别是损益类科目在结账后已无余额。因此,资产负债表日后发生的调整事项,应分以下情况进行处理。

(1)涉及损益的事项,通过"以前年度损益调整"账户核算。调整增加以前年度利润或调整减少以前年度亏损的事项,记入"以前年度损益调整"账户的贷方;调整减少以前年度利润或调整增加以前年度亏损的事项,记入"以前年度损益调整"账户的借方。由于,以前年度损益调整增加的所得税费用,记入"以前年度损益调整"账户的借方,同时贷记"应交税费——应交所得税"等账户;以前年度损益调整减少的所得税费用,记入"以前年度损益调整"账户的贷方,同时借记"应交税费——应交所得税"等账户。调整完成后,应将"以前年度损益调整"账户的贷方或借方余额,转入"利润分配——未分配利润"账户。

(2)涉及利润分配调整的事项,直接在"利润分配——未分配利润"账户核算。

(3)不涉及损益以及利润分配的事项,调整相关账户。

(4)进行上述账务处理的同时,还应调整财务报表相关项目的数字,包括:资产负债表日编制的财务报表相关项目的期末数或本年发生数;当期编制的财务报表相关项目的期初数或上年数;上述调整如果涉及附注内容,还应当调整附注相关项目的数字。

8.2.2 资产负债表日后调整事项的会计处理

为简化处理,如未作专门说明,本章所有的例子均假定如下:财务报告批准报出日是次年3月31日,所得税税率为25%,按净利润的10%提取法定盈余公积,提取法定盈余公积后不再作其他分配;调整事项按税法规定均可调整应交纳的所得税;涉及递延所得税资产的,均假设未来期间很可能取得用来抵扣暂时性差异的应纳税所得额;不考虑报表附注中有关现金流量表项目的数字。

1. 资产负债表日后诉讼案件结案,需调整原先确认的负债

资产负债表日后诉讼案件结案,法院判决证实了企业在资产负债表日已经存在现时义务,需要调整原先确认的与该诉讼案件相关的预计负债,或确认一项新负债。这一事项是指导致诉讼的事项在资产负债表日已经发生,但尚不具备确认负债的条件而未确认,资产负债表日后至财务报告批准报出日之间获得了新的或进一步证据(法院判决结果),表明符合负债的确认条件,因此应在财务报告中确认为一项新负债;或者在资产负债表日虽已确认,但需要根据判决结果调整已确认负债的金额。

【例8.3】 甲公司2009年11月份与一公司签订一项供销合同,由于甲公司未按合同发货,导致乙公司发生重大经济损失,被乙公司起诉,至2009年12月31日法院尚未判决。甲公司2009年12月31日在资产负债表中的"预计负债"项目反映了135万元的赔偿款。2010年3月5日经法院判决,甲公司需偿付乙公司经济损失157.5万元。甲公司不再上诉,并假定赔偿款已经支付。甲、乙两公司2009年所得税汇算清缴在2010年4月10日完成(假定该项预计负债产生的损失不允许税前扣

除),所得税税率均为25%,均按10%提取法定盈余公积。

要求:

(1)分析上述事项是否属于资产负债表日后调整事项;

(2)如果上述事项是甲公司资产负债表日后调整事项,编制甲公司相应的调整分录;

(3)如果上述事项是甲公司资产负债表日后调整事项,调整甲公司相应的报表项目;

(4)如果上述事项是乙公司资产负债表日后调整事项,编制乙公司相应的调整分录。

根据本例事项进行分析。

(1)本例中,2010年3月5日的判决证实了甲、乙两公司在资产负债表日(即2009年12月31日)分别存在现时赔偿义务和获赔权利,因此两公司都应将"法院判决"这一事项作为调整事项进行处理。

(2)甲公司的调整分录。

借:以前年度损益调整		225 000	
贷:其他应付款			225 000
借:应交税费——应交所得税		56 250	
贷:以前年度损益调整	(225 000×25%)		56 250
借:应交税费——应交所得税		337 500	
贷:以前年度损益调整	(1 350 000×25%)		337 500
借:以前年度损益调整		337 500	
贷:递延所得税资产			337 500
借:预计负债		1 350 000	
贷:其他应付款			1 350 000
借:其他应付款		1 575 000	
贷:银行存款			1 575 000

注:①资产负债表日后事项如果涉及货币资金收支项目,均不调整报告年度资产负债表的货币资金项目和现金流量表各项目的数字。本例中,虽然当日已经支付了赔偿款,但在调整财务报表相关数字时,只需调整上述第五笔分录,第六笔分录应作为2010年的会计事项处理。②2009年末因确认预计负债135万元时已确认相应的递延所得税资产,日后事项发生后递延所得税资产不复存在,故应冲销相应记录。

借:利润分配——未分配利润	168 750	
贷:以前年度损益调整		168 750
借:盈余公积	16 875	
贷:利润分配——未分配利润		16 875

(3)调整报告年度报表。

①资产负债表项目的调整:

调减递延所得税资产337 500元;调增其他应付款1 575 000元;调减应交税费393 750元;调减预计负债1 350 000元;调减盈余公积16 875元;调减未分配利润151 875元。

②利润表项目的调整:

调增营业外支出225 000元;调减所得税费用56 250元;调减净利润168 750元。

③所有者权益变动表项目的调整:

调减净利润168 750元;调减提取盈余公积16 875元。

(4)乙公司的调整分录。

借:银行存款		1 575 000	
贷:以前年度损益调整			1 575 000
借:以前年度损益调整		393 750	
贷:应交税费——应交所得税	(1 575 000×25%)		393 750
借:以前年度损益调整		1 181 250	
贷:利润分配——未分配利润			1 181 250
借:利润分配——未分配利润		118 125	
贷:盈余公积			118 125

以上为本例的分析。

2.资产负债表日后取得证据,需要调整原先确定的某项减值金额

资产负债表日后取得确凿证据,表明某项资产在资产负债表日发生了减值或需要调整该项资产原先确认的减值金额。这一事项是指在资产负债表日,根据当时的资料判断某项资产可能发生了损失或减值,但没有最后确定是否会发生,因而按当时的最佳估计金额反映在财务报表中;但在其资产负债表日至财务报告批准报出日之间,所取得的确凿证据能证明该事实成立,即某项资产已经发生了损失或减值,则应对资产负债表日所作的估计予以修正。

【例8.4】 甲公司2009年4月销售给乙公司一批产品,货款为100万元(含增值税)。乙公司于7月份收到所购物资并验收入库。按合同规定,乙公司应于收到所购物资后两个月内付款。由于乙公司财务状况不佳,到2009年12月31日仍未付款。甲公司于12月31日编制2009年财务报表时,已为该项应收账款提取坏账准备5万元。12月31日资产负债表上"应收账款"项目的金额为100万元,其中95万元为该项应收账款。甲公司于2010年1月30日(所得税汇算清缴前)收到法院通知,乙公司已宣告破产清算,无力偿还所欠部分货款。甲公司预计可收回应收账款的70%。适用的所得税税率为25%。

本例中,根据资产负债表日后事项的判断原则,甲公司在收到法院通知后,首先可判断该事项属于资产负债表日后调整事项。甲公司原对应收乙公司账款提取了5

万元的坏账准备,按照新的证据应提取的坏账准备为30(30 = 100 × 30%)万元,差额25 万元应当调整2009 年年度财务报表相关项目的数字。甲公司的账务处理如下。

(1)补提坏账准备的会计分录。

应补提的坏账准备 = 1 000 000 × 30% − 50 000 = 250 000(元)

借:以前年度损益调整　　250 000

　贷:坏账准备　　250 000

(2)调整递延所得税资产的会计分录。

借:递延所得税资产　　62 500

　贷:以前年度损益调整　　(250 000 × 25%)　62 500

(3)将"以前年度损益调整"科目的余额转入利润分配的会计分录。

借:利润分配——未分配利润　　187 500

　贷:以前年度损益调整　　187 500

(4)调整利润分配有关数字的会计分录。

借:盈余公积　　18 750

　贷:利润分配——未分配利润　　(187 500 × 10%)　18 750

(5)调整报告年度财务报表相关项目的数字(财务报表略)。

①资产负债表项目的调整:

调减应收账款净值250 000 元;调增递延所得税资产62 500 元;调减盈余公积18 750 元;调减未分配利润168 750 元。

②利润表项目的调整:

调增资产减值损失250 000 元;调减所得税费用62 500 元;调减净利润187 500 元。

③所有者权益变动表项目的调整:

调减净利润187 500 元;调减提取盈余公积18 750 元。

以上为本例的分析。

3. 资产负债表日后确定了资产负债表日前购入的成本或售出资产的收入的调整

资产负债表日后进一步确定了资产负债表日前购入资产的成本或售出资产的收入,这类调整事项包括两方面的内容:①若资产负债表日前购入的资产已经按暂估金额等入账,资产负债表日后获得证据,可以进一步确定该资产的成本,则应对已入账的资产成本进行调整;②企业在资产负债表日已根据收入确认条件确认资产销售收入,但资产负债表日后获得关于资产收入的进一步证据,如发生销售退回等,此时也应调整财务报表相关项目的金额。需要说明的是,资产负债表日后发生的销售退回,既包括报告年度或报告中期销售的商品在资产负债表日后发生的销售退回,也包括以前期间销售的商品在资产负债表日后发生的销售退回。

发生于资产负债表日后至财务报告批准报出日之间的销售退回事项,可能发生于年度所得税汇算清缴之前,也可能发生于年度所得税汇算清缴之后,其会计处理分为以下两种情况。

(1)涉及报告年度所属期间的销售退回发生于报告年度所得税汇算清缴之前，应调整报告年度利润表的收入、成本等，并相应调整报告年度的应纳税所得额以及报告年度应缴纳的所得税等。

【例8.5】 甲公司2009年12月20日销售一批商品给乙企业，价款为200万元(不含税，增值税税率为17%)。甲公司发出商品后，按正常情况已确认收入，并结转成本160万元。此笔货款到年末尚未收到，甲公司按应收账款的5%计提了坏账准备11.7万元。2010年1月18日，由于产品质量问题，本批货物被退回。按税法规定，并经税务机关批准，在应收款项余额5‰的范围内计提的坏账准备可以在税前扣除，本年度除应收乙企业账款计提的坏账准备外，无其他纳税调整事项。所得税税率均为25%，均按10%提取法定盈余公积。企业于2010年2月28日完成2009年所得税汇算清缴。

要求：对甲公司上述销售退回进行会计处理。

本例中，销售退回业务发生在资产负债表日后事项涵盖期间内，应属于资产负债表日后调整事项。

甲公司的账务处理如下。

(1)2010年1月18日，调整销售收入的会计分录。

借：以前年度损益调整 2 000 000

　应交税费——应交增值税(销项税额) 340 000

　贷：应收账款 2 340 000

(2)调整坏账准备余额的会计分录。

借：坏账准备 117 000

　贷：以前年度损益调整 117 000

(3)调整销售成本的会计分录。

借：库存商品 1 600 000

　贷：以前年度损益调整 1 600 000

(4)调整应缴纳的所得税的会计分录。

借：应交税费——应交所得税 97 075

　贷：以前年度损益调整

　　[(2 000 000 - 1 600 000 - 2 340 000 × 5‰) × 25%] 97 075

(5)调整已确认的递延所得税资产的会计分录。

借：以前年度损益调整 26 325

　贷：递延所得税资产

　　[(117 000 - 2 340 000 × 5‰) × 25%] 26 325

(6)将“以前年度损益调整”账户余额转入未分配利润的会计分录。

借：利润分配——未分配利润 212 250

贷:以前年度损益调整　　212 250

(7)调整盈余公积的会计分录。

借:盈余公积　　21 225

贷:利润分配——未分配利润　　21 225

(8)调整相关财务报表(略)。

以上为本例的分析。

(2)资产负债表日后事项中涉及报告年度所属期间的销售退回发生于报告年度所得税汇算清缴之后,应调整报告年度财务报表的收入、成本等,但按税法规定在此期间的销售退回所涉及的应交所得税,应作为本年度的纳税调整事项。

【例8.6】 沿用例8.5,假定销售退回的时间改为2010年3月10日(即报告年度所得税汇算清缴后)。要求:对甲公司上述销售退回进行会计处理。

甲公司的账务处理如下。

(1)2010年3月10日,调整销售收入的会计分录。

借:以前年度损益调整　　2 000 000

应交税费——应交增值税(销项税额)　　340 000

贷:应收账款　　2 340 000

(2)调整坏账准备余额的会计分录。

借:坏账准备　　117 000

贷:以前年度损益调整　　117 000

(3)调整销售成本的会计分录。

借:库存商品　　1 600 000

贷:以前年度损益调整　　1 600 000

(4)调整应缴纳的所得税的会计分录。

借:应交税费——应交所得税　　97 075

贷:所得税费用　　97 075

(5)调整已确认的递延所得税资产的会计分录。

借:以前年度损益调整　　26 325

贷:递延所得税资产　　26 325

(6)将“以前年度损益调整”账户余额转入未分配利润的会计分录。

借:利润分配——未分配利润　　309 325

贷:以前年度损益调整　　309 325

(7)调整盈余公积的会计分录。

借:盈余公积　　30 932.5

贷:利润分配——未分配利润　　30 932.5

(8)调整相关财务报表(略)。

以上为本例的分析。

4. 资产负债表日后发现了报表舞弊或差错

资产负债表日后发现了财务报表舞弊或差错，这一事项是指资产负债表日后发现报告期或以前期间存在的财务报表舞弊或差错。企业发生这一事项后，应将其作为资产负债表日后调整事项，调整报告年度的年度财务报告或中期财务报告相关项目的数字。

试试看，你能行：

假设甲公司 2009 年 12 月 25 日销售一批商品给 B 企业，取得收入 20 万元（不含税，增值税税率为 17%）。该公司发出商品后，按照正常情况已确认收入，并结转成本 16 万元。此笔货款到年末尚未收到，按应收账款的 4% 计提了坏账准备 9 360 元。2010 年 2 月 5 日，由于产品质量问题，该批货物被退回。按税法规定，并经税务机关批准，在应收款项余额 5‰的范围内计提的坏账准备可以在税前扣除。2009 年度除应收 B 企业账款计提的坏账准备外，无其他纳税调整事项。企业于 2010 年 2 月 25 日完成 2009 年所得税汇算清缴。

如果你是该公司的会计人员，你能为该公司作出有关调整事项的会计处理吗？试试吧。

8.3 资产负债表日后非调整事项

8.3.1 资产负债表日后非调整事项的处理原则

资产负债表日后发生的非调整事项，是表明资产负债表日后发生的事项，与资产负债表日存在状况没有关系，企业不应当进行会计核算，也不应当调整资产负债表日的财务报表。但对于一些资产负债表日后发生的非调整事项，对财务报告使用者会产生重大影响时，如果不加以披露和说明，则会使财务报告使用者作出错误的估计和决策，所以，应在附注中加以说明。

8.3.2 资产负债表日后非调整事项的会计处理

资产负债表日后发生的非调整事项，应当在报表附注中加以披露，即在报表附注中说明事项的性质、内容以及对财务状况和经营成果的影响，以补充资产负债表日编制的财务会计报告的信息；如无法估计其影响，则应当说明无法估计的理由。资产负债表日后非调整事项主要包括以下几个方面。

1. 资产负债表日后发生重大诉讼、仲裁、承诺

【**例 8.7**】 甲公司 2010 年 1 月与乙公司签订一项销货合同，由于甲公司未按合同发货，导致乙公司发生重大经济损失。2010 年 2 月，乙公司通过法律手段起诉甲公司违约。2010 年 3 月 5 日经法院判决，甲公司需偿付乙公司经济损失 157.5 万元。甲、乙公司均不再上诉。

本例中,甲公司资产负债表日后发生的重大诉讼事项影响较大,应当在2009年报表附注中披露相关信息,以防止误导投资者及其他财务报告使用者。

2. 资产负债表日后资产价格、税收政策、外汇汇率发生重大变化

【例8.8】 甲公司2009年11月采用融资租赁方式从美国租入某重型机械设备,租赁合同规定,该重型机械设备的租赁期为15年,年租金60万美元。甲公司在编制2009年年度财务报表时已按2009年12月31日的汇率对该笔长期应付款进行了折算(假设2009年12月31日的汇率为1美元兑7.85元人民币)。假设国家规定从2010年1月1日起进行外汇管理体制改革,外汇管理体制改革后,人民币对美元的汇率发生重大变化。

本例中,甲公司在资产负债表日已经按照当天的资产计量方式进行处理,或按规定的汇率对有关账户进行调整,因此,无论资产负债表日后汇率如何变化,均不影响资产负债表日的财务状况和经营成果。但是,如果资产负债表日后外汇汇率发生重大变化,应对由此产生的影响在报表附注中加以披露。

3. 资产负债表日后因自然灾害导致资产发生重大损失

【例8.9】 甲公司于2010年1月20日发生了一场火灾,使甲公司遭受严重损失,直接经济损失达2 000万元。

本例中,由自然灾害导致资产重大损失对公司资产负债表日后财务状况的影响较大,如果不加以披露,有可能使财务报告使用者作出错误的决策,因此应该在报表附注中进行披露。本例中,火灾发生在2010年1月,是资产负债表日后才发生或存在的事项,所以,甲公司应当作为非调整事项在2009年报表附注中加以披露。

4. 资产负债表日后发行股票和债券以及其他巨额举债

【例8.10】 甲公司于2010年1月18日经批准发行1 000万股,面值1元,发行价格5元的股票。

本例中,甲公司发行股票是比较重大的事项,虽然这一事项与企业资产负债表日的存在状况无关,但这一事项的披露能使财务报告使用者了解与此有关的情况及可能带来的影响,故应于2009年报表附注中加以披露。

5. 资产负债表日后资本公积转增资本

【例8.11】 甲公司为上市公司,2010年2月20日甲公司决策者决定,将公司的1 000万元资本公积转增资本,使得甲公司注册资本增加1 000万元。

本例中,甲公司将资本公积转增资本后其注册资本增加1 000万元,不仅增加了在市场上流通的股份,而且改变了原有资本结构和持股比例。这一事实发生在资产负债表日后,不属于资产负债表日后调整事项。但这一事实对于报表使用者、特别是对于那些原有的投资者而言,理解公司财务报表以及作出正确的决策具有重要作用。所以,甲公司应当在2009年年度报表附注中加以披露。

6. 资产负债表日后发生巨额亏损

【例8.12】 甲公司2010年1月出现巨额亏损,净利润由2009年12月的6 000

万元变为亏损600万元。

本例中,甲公司资产负债表日后发生巨额亏损将会对甲公司报告期以后的财务状况和经营成果产生重大影响,应当在2009年报表附注中及时披露该事项。

7. 资产负债表日后发生企业合并或处置子公司

【例8.13】 甲公司2010年2月16日将其全资子公司丙公司出售给乙公司。

本例中,企业合并或者处置子公司的行为可以影响股权结构、经营范围等方面,对公司未来生产经营活动会产生重大影响。因此,甲公司应在2009年报表附注中披露处置子公司的信息。

8. 资产负债表日后企业利润分配方案中拟分配的以及经审议批准宣告发放的股利或利润

【例8.14】 2010年2月20日甲公司董事会制订提请股东会批准的利润分配方案为:分配现金股利300万元;分配股票股利400万元。

本例中,甲公司董事会制订利润分配方案,拟分配或经审议批准宣告发放股利或利润的行为,并不会导致企业在资产负债表日形成现时义务。因此,虽然发生该事项可导致企业负有支付股利或利润的义务,但支付义务在资产负债表日尚不存在,不应调整资产负债表日的财务报告,则该事项为非调整事项。但由于该事项对企业资产负债表日后的财务状况有较大影响,可能导致现金较大规模流出,企业股权结构变动等,为便于财务报告使用者更充分了解相关信息,甲公司需要在2009年报表附注中适当披露该信息。

知识链接

1. 本章主要阐述了资产负债表日后事项的概念及其会计处理。本章主要内容有:资产负债表日后事项的概念;资产负债表日后事项涵盖的期间;资产负债表日后调整事项及其会计处理方法;资产负债表日后非调整事项及其披露。

2. 学习本章内容,应重点关注的问题包括:资产负债表日后调整事项与非调整事项的区别;资产负债表日后调整事项的会计处理方法;资产负债表日后非调整事项的披露。

3. 本章内容与其他章节有关内容联系密切,如或有事项、会计政策、会计估计变更和前期差错更正、所得税、财务报表等章节,应特别注意学习时融会贯通。

4. 学习本章内容,可以阅读和参考《企业会计准则第29号——资产负债表日后事项》及其应用指南、《企业会计准则讲解(2008)》第三十章“资产负债表日后事项”、《企业会计准则——应用指南》中的“会计科目和主要账务处理”等内容。

9

外币折算

学习要求

(1)掌握外币交易初始确认时、资产负债表日及结算日的会计处理。

(2)掌握外币财务报表的折算方法。

(3)熟悉境外经营处置的会计处理。

(4)了解记账本位币的确定方法。

能力目标

根据《会计基础工作规范》的规定,企业应当设置“出纳岗位”,该岗位会计人员负责各种货币资金(包括外币资金)的收入、支出和结存。结合本章内容的学习,作为出纳岗位的会计人员,应当掌握下列专业技能:

(1)能够根据有关规定设置外币“库存现金”、外币“银行存款”等总账及其日记账;

(2)能够正确填制和审核与货币资金有关的原始凭证,正确运用本章所学会计科目填制记账凭证;

(3)能够根据记账凭证的记录,正确登记外币“库存现金”总账及其日记账、外币“银行存款”总账及其日记账;

(4)能够正确计算和结转外币“库存现金”、外币“银行存款”等总账及其日记账,完成账簿之间的账账核对和账实核对;

(5)作为报表岗位的会计人员,要正确区分境内经营与境外经营,按规定合理选择折算汇率,将外币财务报表折算为人民币反映的财务报表。

学习指导

(1)认真学习教材,熟悉例题对不同业务的讲解与分析。

(2)熟悉中国人民银行公布的外汇牌价,对银行买入价、卖出价、中间价有一个感性认识。

(3)积极参与课堂讨论,敢于提出问题、分析问题。

(4)认真完成本章练习,仔细体会各种不同业务的会计处理。

9.1 外币交易的会计处理

9.1.1 记账本位币的确定

记账本位币,是指企业经营所处的主要经济环境中的货币。主要经济环境,通常是指企业主要产生和支出现金的环境。例如,我国大多数企业主要产生和支出现金的环境在国内,因此,企业通常应选择人民币作为记账本位币。我国《会计法》中规定:业务收支以人民币以外的货币为主的企业,可以按规定选定其中一种货币作为记账本位币,但是,编报的财务报表应当折算为人民币。

企业选择记账本位币,应当考虑下列因素:①该货币主要影响商品和劳务的销售价格,通常以该货币进行商品和劳务的计价和结算;②该货币主要影响商品和劳务所需人工、材料和其他费用,通常以该货币进行上述费用的计价和结算;③融资活动获得的货币以及保存从经营活动中收取款项时所使用的货币,即视融资活动获得的资金占其销售收入的比重大小,或者企业通常留存销售收入的货币而定。

【例9.1】 国内某外商投资企业,该企业超过80%的营业收入来自向各国的出口,其商品销售价格一般以美元结算,主要受美元的影响。因此,从影响商品和劳务的销售价格的角度看,该企业应选择美元作为记账本位币。

如果该企业的人工成本、原材料及相应的厂房设施、机器设备等95%以上在国内采购并以人民币计价,则难以确定该企业的记账本位币,需要考虑第三项因素。如果该企业取得的美元营业收入在汇回国内时可随时转换成人民币存款,且该企业对所有以美元结算的资金往来的外币风险都进行了套期保值,则该企业应当选定人民币为其记账本位币。

需要说明的是,在确定企业的记账本位币时,上述因素的重要程度因企业具体情况不同而不同,需要企业管理当局根据实际情况进行判断。

企业管理当局根据实际情况确定的记账本位币只有一种,该货币一经确定,不得随意变更,除非企业经营所处的主要经济环境发生重大变化。企业因经营所处的主要经济环境发生重大变化,确需变更记账本位币的,应当采用变更当日的即期汇率将所有项目折算为变更后的记账本位币。

9.1.2 外币交易的核算程序

外币交易的记账方法有外币统账制和外币分账制两种。外币统账制,是指企业在发生外币交易时即折算为记账本位币入账;外币分账制,是指企业在日常核算时分币种记账,再在资产负债表日将其折算成记账本位币。从我国目前的情况看,绝大多数企业采用外币统账制,只有银行等少数金融企业由于外币交易频繁,涉及外币币种较多,可以采用分账制记账方法进行日常核算。本节主要介绍外币统账制下的账户设置及其会计核算的基本程序。

9.1.2.1 账户设置

在外币统账制方法下,对外币交易的核算不单独设置科目,对外币交易金额因汇率变动而产生的差额,可在"财务费用"科目下设置二级科目"汇兑差额"反映。该科目借方反映因汇率变动而产生的汇兑损失,贷方反映因汇率变动而产生的汇兑收益。期末余额结转入"本年利润"科目后一般无余额。

9.1.2.2 会计核算的基本程序

企业发生外币交易时,其会计核算的基本程序为以下几个步骤。

第一,将外币金额采用交易发生日的即期汇率或即期汇率的近似汇率折算为记账本位币金额,按照折算后的记账本位币金额登记有关账户;在登记有关记账本位币账户的同时,按照外币金额登记相应的外币账户。

第二,期末,将所有外币货币性项目的外币余额,按照期末的即期汇率折算为记账本位币金额,并与原记账本位币金额相比较,其差额记入"财务费用——汇兑差额"科目。

第三,结算外币货币性项目时,将其外币计算金额按照当日即期汇率折算为记账本位币金额,并与原记账本位币金额相比较,其差额记入"财务费用——汇兑差额"科目。

9.1.3 外币交易的核算

外币是企业记账本位币以外的货币。比如,甲公司选定人民币为记账本位币,则美元、日元、欧元、港元等就是外币;如果选定记账本位币为港元,则人民币、美元等就是外币。因此,会计中的"外币"与日常生活中的外币在概念上有差别。

外币交易是指企业发生以外币计价或者结算的交易,包括:①买入或者卖出以外币计价的商品或者劳务,例如,以人民币为记账本位币的国内 A 公司向国外 B 公司销售商品,货款以美元结算,A 公司从境外以美元购买固定资产或生产用原材料等;②借入或者借出外币资金,例如,以人民币为记账本位币的甲公司从中国银行借入欧元,经批准向海外发行美元债券等;③其他以外币计价或者结算的交易,指除上述①、②外,以记账本位币以外的货币计价或结算的其他交易,如接受外币现金捐赠等。

【例 9.2】 我国 ABC 公司记账本位币为美元,下列说法中错误的是(　　)。

A. 该公司以人民币计价和结算的交易属于外币交易

B. 该公司以美元计价和结算的交易不属于外币交易

C. 该公司的编报货币为美元

D. 该公司的编报货币为人民币

本例中，标准答案是 C。因为我国《会计法》规定，业务收支以人民币以外的货币为主的单位，可以选定其中一种货币作为记账本位币，但是编制的财务会计报告应当折算为人民币。

外币交易涉及的会计处理，主要包括外币交易日至结算日折算汇率的选择以及产生的汇兑差额的处理。

9.1.3.1 初始确认的会计处理

外币交易应当在初始确认时，采用交易发生日的即期汇率或即期汇率的近似汇率将外币金额折算为记账本位币金额。

即期汇率，通常是指中国人民银行公布的当日人民币外汇牌价的中间价。即期汇率的近似汇率，是指按照系统合理的方法确定的、与交易发生日即期汇率近似的汇率，通常采用当期平均汇率或加权平均汇率等。企业通常应当采用即期汇率进行折算；汇率变动不大的，也可以采用即期汇率的近似汇率进行折算。

应当说明的是，企业发生的外币兑换业务或涉及外币兑换的交易事项，应当按照交易实际采用的汇率（即银行买入价或卖出价）折算。即卖出外币时，将实际收取的记账本位币（按银行买入价折算）登记入账，同时将付出的外币按当日即期汇率折算为记账本位币，两者的差额作为汇兑差额，计入财务费用；买入外币时，将实际支付的记账本位币（按银行卖出价折算）登记入账，同时将收到的外币按当日即期汇率折算为记账本位币，两者的差额作为汇兑差额，计入财务费用。

【例 9.3】 ABC 公司将 100 美元出售给银行，当日银行买入价为 1 美元 = 8 元人民币；当日即期汇率（中间价）为 1 美元 = 8.1 元人民币。有关账务处理如下：

借：银行存款——人民币（实际收到金额）　　(100 × 8.0)　800

　　财务费用　　10

　　贷：银行存款——美元（原币 × 即期汇率）　　(100 × 8.1)　810

【例 9.4】 ABC 公司从银行购入 100 美元，当日银行卖出价为 1 美元 = 8.2 元人民币；当日即期汇率为 1 美元 = 8.1 元人民币。有关账务处理如下：

借：银行存款——美元（原币 × 即期汇率）　　(100 × 8.1)　810

　　财务费用　　10

　　贷：银行存款——人民币（实际支付金额）　　(100 × 8.2)　820

【例 9.5】 ABC 公司 2009 年 1 月 25 日从银行借入 15 000 美元，期限 6 个月，暂存银行。借入当日的即期汇率为 1 美元 = 8.24 元人民币。有关账务处理如下：

借：银行存款——美元　　123 600

　　贷：短期借款——美元　　123 600

假定 ABC 公司借款到期以人民币归还所借美元本金，还款当日的即期汇率为 1

美元 =8.23 元人民币。则归还本金的有关账务处理如下：

借：短期借款——美元　　123 600

　贷：银行存款——人民币　　123 450

　　财务费用　　150

【例 9.6】 国内 A 公司的记账本位币为人民币。2009 年 6 月 5 日，向国外 B 公司出口销售商品一批，根据销售合同，货款共计 15 万美元，当日的即期汇率为 1 美元 =8.12 元人民币。假定不考虑增值税等相关税费，货款尚未收到。A 公司应作如下账务处理：

借：应收账款——美元　　(150 000 ×8.12)　1 218 000

　贷：主营业务收入　　(150 000 ×8.12)　1 218 000

【例 9.7】 国内 ABC 公司的记账本位币为人民币，属于增值税一般纳税企业。2009 年 4 月 10 日，从国外购入某原材料，共计 5 万欧元，当日的即期汇率为 1 欧元 =10 元人民币，按照规定计算应交纳的进口关税为 5 万元人民币，支付的进口增值税为 8.5 万元人民币，货款尚未支付，进口关税及增值税已用银行存款支付。该公司相关账务处理如下：

借：原材料　　(50 000 ×10 +50 000)　550 000

　应交税费——应交增值税（进项税额）　　85 000

　贷：应付账款——欧元　　(50 000 ×10)　500 000

　　银行存款　　(50 000 +85 000)　135 000

企业收到投资者以外币投入的资本，无论是否有合同约定汇率，均不采用合同约定汇率和即期汇率的近似汇率折算，而是采用交易日即期汇率折算；与其相对应的资产类科目也不采用即期汇率的近似汇率折算。这样，外币投入资本与相应的货币性项目的记账本位币金额之间不产生外币资本折算差额。

【例 9.8】 ABC 股份有限公司的记账本位币为人民币，对外币交易采用交易日的即期汇率折算。根据其与外商签订的投资合同，外商将分两次投入外币资本，投资合同约定的汇率是 1 美元 =8.10 元人民币。2009 年 2 月 1 日，ABC 股份有限公司第一次收到外商投入资本 20 万美元，当日即期汇率为 1 美元 =8.0 元人民币；2009 年 9 月 3 日，第二次收到外商投入资本 10 万美元，当日即期汇率为 1 美元 =8.12 元人民币。相关会计分录如下。

(1)2009 年 2 月 1 日，第一次收到外币资本时的会计分录。

借：银行存款——美元　　(200 000 ×8.0)　1 600 000

　贷：股本　　1 600 000

(2)2009 年 9 月 3 日，第二次收到外币资本时的会计分录。

借：银行存款——美元　　(100 000 ×8.12)　812 000

　贷：股本　　812 000

9.1.3.2 资产负债表日及结算日的会计处理

1. 货币性项目

货币性项目,是指企业持有的货币资金和将以固定或可确定的金额收取的资产或者偿付的负债。货币性项目分为货币性资产和货币性负债,货币性资产包括现金、银行存款、应收账款、其他应收款、长期应收款等;货币性负债包括短期借款、应付账款、其他应付款、长期借款、应付债券、长期应付款等。

对于外币货币性项目,资产负债表日及结算日应当以当日即期汇率折算。因资产负债表日即期汇率与初始确认时或者前一资产负债表日即期汇率不同而产生的汇兑差额,计入当期损益,同时调增或调减外币货币性项目的记账本位币金额。

【例9.9】 ABC公司2009年11月30日银行存款——美元户账面余额为20万美元,当日即期汇率为1美元=7.8元人民币,折算人民币为156万人民币;12月份没有发生相关外币业务,2009年12月31日银行存款——美元户账面余额为20万美元,当日即期汇率为1美元=7.5元人民币,折算人民币为150万人民币,则发生汇兑损失6(-6=150-156)万元人民币。账务处理如下:

借:财务费用——汇兑差额　　60 000

　　贷:银行存款——美元　　60 000

2. 非货币性项目

非货币性项目,是指货币性项目以外的项目。例如,存货、长期股权投资、固定资产、无形资产、交易性金融资产(股票、基金)、预付账款等。

(1)以历史成本计量的外币非货币性项目,仍采用交易发生日的即期汇率折算,不改变其记账本位币金额,不产生汇兑差额。

【例9.10】 沿用例9.8,外商投入ABC股份有限公司的外币资本30万美元已按当日即期汇率折算为人民币并记入"股本"账户。"股本"属于非货币性项目,因此,期末不需要按照当日即期汇率进行调整。

试试看,你能行:

ABC公司是中外合资经营企业,其注册资本为400万美元,合同约定分两次投入,但未约定折算汇率。中、外投资者分别于2009年1月1日和3月1日投入300万美元和100万美元。2009年1月1日、3月1日、3月31日和12月31日美元对人民币的汇率分别为1:7.8、1:7.85、1:7.82和1:7.90。假定该企业采用人民币作为记账本位币,外币业务采用业务发生日的汇率折算。该企业2009年年末资产负债表中"实收资本"项目的金额为人民币(　　)万元。

A. 3 125　　B. 3 160　　C. 3 128　　D. 3 120

(2)以成本与可变现净值孰低计量的存货,如果其可变现净值以外币确定,则在确定存货的期末价值时,应先将可变现净值折算为记账本位币,再与以记账本位币反映的存货成本进行比较。

【例 9.11】 ABC 公司以人民币为记账本位币。2009 年 11 月 20 日,以每台 500 美元从美国某供货商处购入国际最新型号的甲器材 10 台,该器材在国内市场尚无供应,并于当日支付了相应货款(假定该上市公司有美元存款)。至 2009 年 12 月 31 日,已经售出甲器材 2 台,库存尚有 8 台,国内市场仍无甲器材供应,其在国际市场的价格降至每台 400 美元。11 月 20 日的即期汇率是 1 美元 =8.0 元人民币,12 月 31 日的即期汇率是 1 美元 =7.8 元人民币。假定不考虑增值税等相关税费。

本例中,由于存货在资产负债表日采用成本与可变现净值孰低计量,因此,在以外币购入存货并且该存货在资产负债表日获得的可变现净值以外币反映时,在计提存货跌价准备时应当考虑汇率变动的影响。因此,该公司应作账务处理如下。

12 月 31 日对甲器材计提的存货跌价准备 =8 ×500 ×8.0 –8 ×400 ×7.8 =7 040(元人民币),账务处理如下:

借:资产减值损失　　7 040

　　贷:存货跌价准备　　7 040

(3)以公允价值计量的外币非货币性项目,如交易性金融资产(股票、基金等)采用公允价值确定日的即期汇率折算,折算后的记账本位币金额与原记账本位币金额的差额,作为公允价值变动损益处理,计入当期损益。

【例 9.12】 国内 A 公司的记账本位币为人民币。2008 年 12 月 5 日以每股 2 美元的价格购入 B 公司 N 股 1 000 股作为交易性金融资产,当日汇率为 1 美元 =8.0 元人民币,款项已付。2008 年 12 月 31 日,由于市价变动,当月购入的 B 公司 N 股的市价变为每股 1.5 美元,当日汇率为 1 美元 =8.2 元人民币。假定不考虑相关税费的影响。

2008 年 12 月 5 日,该公司对上述交易应作以下处理:

借:交易性金融资产　　(1 000 ×2 ×8.0)　16 000

　　贷:银行存款——人民币　　16 000

根据《企业会计准则第 22 号——金融工具确认和计量》,交易性金融资产以公允价值计量。由于该项交易性金融资产是以外币计价,在资产负债表日,不仅应考虑美元市价变动的影响,还应一并考虑美元与人民币之间汇率变动的影响。上述交易性金融资产在资产负债表日的人民币金额按 12 300(12 300 =1 000 ×1.5 × 8.2)元入账,与原账面价值 16 000 元的差额为 –3 700 元人民币,计入公允价值变动损益。相应的账务处理如下:

借:公允价值变动损益　　3 700

　　贷:交易性金融资产　　3 700

–3 700 元人民币既包含 A 公司所购 B 公司 N 股股票公允价值变动的影响,又包含人民币与美元之间汇率变动的影响。

2009 年 2 月 27 日,A 公司将所购 B 公司 N 股股票按当日市价每股 3 美元全部售出,所得价款为 3 000 美元,按当日汇率 1 美元 =8.1 元人民币折算为人民币为

24 300 元，与其原账面价值 12 300 元的差额为 12 000 元人民币，对于汇率的变动和股票市价的变动不进行区分，均作为投资收益进行处理。因此，售出当日，A 公司应作账务处理如下：

借：银行存款——人民币　　24 300
　贷：交易性金融资产　　12 300
　　投资收益　　12 000

试试看，你能行：

国内 A 公司的记账本位币为人民币。2009 年 12 月 5 日以每股 7 港元的价格购入 B 公司的 H 股 10 000 股作为交易性金融资产，当日汇率为 1 港元 =1 元人民币，款项已支付。2009 年 12 月 31 日，当月购入的 B 公司 H 股的市价变为每股 8 港元，当日汇率为 1 港元 =0.9 元人民币。假定不考虑相关税费的影响。A 公司 2009 年 12 月 31 日应确认的公允价值变动损益为(　　)元。

A. 2 000　　B. 0　　C. －1 000　　D. 1 000

【例 9.13】 ABC 股份有限公司的记账本位币为人民币，对外币交易采用发生时的汇率折算，按月计算汇兑差额。2009 年 7 月 31 日的即期汇率为 1 美元 =8.0 元人民币，当日有关外币余额如表 9.1 所示。

表 9.1　当日有关外币余额

项 目	外币金额(万美元)	当日即期汇率	折算为人民币金额(万元)
银行存款	10	8.0	80
应收账款	20	8.0	160
应付账款	30	8.0	240

ABC 公司 2009 年 8 月份发生以下外币交易。

(1)8 月 10 日，收到某外商投入的外币资本 30 万美元，当日的即期汇率为 1 美元 =8.1 元人民币，投资合同约定的汇率为 1 美元 =8 元人民币，款项已由银行收存。

(2)8 月 15 日，进口一台机器设备，设备价款 30 万美元，货款已付，当日的即期汇率为 1 美元 =8.05 元人民币。该设备进入境内后发生运输费 2 万元人民币，安装调试费 1 万元人民币。

(3)8 月 20 日，对外销售产品一批，价款共计 20 万美元(不含增值税税额)，当日的即期汇率为 1 美元 =8.1 元人民币，款项尚未收到。

(4)8 月 31 日，收到 7 月份发生的应收账款 10 万美元，当日的即期汇率为 1 美元 =8.12 元人民币。

假定不考虑增值税等相关税费，甲公司在银行开设有美元账户。

ABC 公司有关账务处理如下。

(1)8 月 10 日的会计分录。

借:银行存款——美元　　(300 000 ×8.1)　2 430 000

　贷:股本　　2 430 000

(2)8 月 15 日的会计分录。

借:固定资产　　2 445 000

　贷:银行存款——美元　　(300 000 ×8.05)　2 415 000

　　　　　——人民币　　300 000

(3)8 月 20 日的会计分录。

借:应收账款——美元　　(200 000 ×8.1)　1 620 000

　贷:主营业务收入　　1 620 000

(4)8 月 31 日的会计分录。

借:银行存款——美元　　(100 000 ×8.12)　812 000

　贷:应收账款——美元　　(100 000 ×8.12)　812 000

(5)8 月 31 日,计算当期产生的汇兑差额。

①银行存款(美元)的余额 =100 000 +300 000 -300 000 +100 000 =200 000(美元);

按资产负债表日即期汇率 1 美元 =8.12 元人民币折算为人民币金额 =200 000 ×8.12 =1 624 000(元人民币);

当期产生的汇兑差额 =1 624 000 -(800 000 +2 430 000 -2 415 000 +812 000) = -3 000(元人民币)。

有关银行存款情况如表 9.2 所示。

表 9.2　银行存款——美元户

日期	摘要	借方			贷方			余额		
		原币	汇率	人民币	原币	汇率	人民币	原币	汇率	人民币
7.31	月末余额							100 000	8.0	800 000
8.10	接受投资	300 000	8.10	2 430 000				400 000		3 230 000
8.15	购入固定资产				300 000	8.05	2 415 000	100 000		815 000
8.31	收回货款	100 000	8.12	812 000				200 000		1 627 000
8.31	汇兑差额						-3 000	200 000	8.12	1 624 000

银行存款产生汇兑损失,账务处理如下:

借:财务费用——汇兑差额　　3 000

　贷:银行存款——美元　　3 000

②应收账款(美元)的余额 =200 000 +200 000 -100 000 =300 000(美元);

按资产负债表日即期汇率1美元＝8.12元人民币折算为人民币金额＝300 000×8.12＝2 436 000(元人民币)；

当期产生的汇兑差额为＝2 436 000－(1 600 000＋1 620 000－812 000)＝28 000(元人民币)。

有关应收账款情况如表9.3所示。

表9.3　应收账款——美元户

日期	摘要	借方			贷方			余额		
		原币	汇率	人民币	原币	汇率	人民币	原币	汇率	人民币
7.31	月末余额							200 000	8.0	1 600 000
8.20	出口	200 000	8.10	1 620 000				400 000		3 220 000
8.31	收回货款				100 000	8.12	812 000	300 000		2 408 000
8.31	汇兑差额			28 000				300 000	8.12	2 436 000

应收账款发生汇兑收益，账务处理如下：

借：应收账款——美元　　28 000

　贷：财务费用——汇兑差额　　28 000

③应付账款(美元)的余额＝300 000(美元)；

按资产负债表日即期汇率1美元＝8.12元人民币折算为人民币金额＝300 000×8.12＝2 436 000(元人民币)；

当期产生的汇兑差额＝2 436 000－2 400 000＝36 000(元人民币)。

有关应付账款情况如表9.4所示。

表9.4　应付账款——美元户

日期	摘要	借方			贷方			余额		
		原币	汇率	人民币	原币	汇率	人民币	原币	汇率	人民币
7.31	月末余额							300 000	8.0	2 400 000
8.31	汇兑差额						36 000	300 000	8.12	2 436 000

应付账款产生汇兑损失，账务处理如下：

借：财务费用——汇兑差额　　36 000

　贷：应付账款——美元　　36 000

④将上述汇兑差额合为一笔，相应的账务处理如下：

借：应收账款——美元　　28 000

　财务费用——汇兑差额　　11 000

贷:应付账款——美元　　36 000
　银行存款——美元　　3 000

9.2 外币财务报表的折算

9.2.1 境外经营记账本位币的确定

9.2.1.1 境外经营的含义

境外经营,是指企业在境外的子公司、合营企业、联营企业、分支机构。在境内的子公司、合营企业、联营企业、分支机构,采用与企业不同的记账本位币的,也视同境外经营。

9.2.1.2 境外经营记账本位币的确定

境外经营也是一个企业,在确定其记账本位币时也应当考虑企业选择确定记账本位币需要考虑的一般因素。境外经营记账本位币的选择,除考虑一般因素外,还应当考虑下列因素:①境外经营对其所从事的活动是否拥有很强的自主性;②境外经营活动中与企业的交易是否在境外经营活动中占有较大比重;③境外经营活动产生的现金流量是否直接影响企业的现金流量、是否可以随时汇回;④境外经营活动产生的现金流量是否足以偿还其现有债务和可预期债务。

【例9.14】 国内A公司以人民币作为记账本位币,该公司在英国设有一家分公司B公司,B公司在英国的经营活动只有一项,即销售来自A公司的商品并将销售收入汇回A公司,B公司在英国的一切费用开支等均由A公司提供资金。

在确定B公司的记账本位币时,不仅要考虑B公司主要产生和支出现金的货币,还需要考虑B公司与A公司之间的关系:B公司所从事的活动是否拥有很强的自主性,与A公司的交易在B公司的经营活动中所占比例,B公司经营活动产生的现金流量是否直接影响A公司的现金流量并可随时汇回,以及B公司经营活动产生的现金流量在A公司不提供资金的情况下是否足以偿还其现有债务和正常情况下可预期债务。由于B公司的经营活动基本没有自主性,一切依赖于A公司,且B公司的经营活动基本是A公司与B公司之间的交易。因此,B公司虽然设在英国,也应当选择A公司的记账本位币——人民币作为B公司的记账本位币。

试试看,你能行:

国内A公司以人民币作为记账本位币,该公司在欧盟国家设有一家子公司B公司,B公司在欧洲的经营活动拥有完全的自主权,包括自主决定其经营政策、销售方式、进货来源等,A公司与B公司除投资与被投资关系外,基本不发生业务往来,B公司的产品主要在欧洲市场销售,其一切费用开支等均由B公司在当地自行解决。

试问B公司的记账本位币应该选择人民币还是欧元?试试吧。

9.2.2 境外经营外币财务报表的折算

9.2.2.1 折算方法

在对企业境外经营财务报表进行折算前,应当调整境外经营的会计期间和会计政策,使之与企业会计期间和会计政策一致,根据调整后的会计政策和会计期间编制相应货币(记账本位币以外的货币)的财务报表,然后再按照以下方法对境外经营财务报表进行折算。

(1)资产负债表中的资产和负债项目,采用资产负债表日的即期汇率折算,所有者权益项目除"未分配利润"项目外,其他项目采用发生时的即期汇率折算。

(2)利润表中的收入和费用项目,采用交易发生日的即期汇率折算;也可以采用按照系统合理的方法确定的、与交易发生日即期汇率近似的汇率折算。

(3)按照上述规定折算产生的外币财务报表折算差额,在资产负债表中所有者权益项目下单独列示。

【例 9.15】 国内 A 公司的记账本位币为人民币,该公司在境外有一子公司 B 公司,B 公司确定的记账本位币为美元。根据合同约定,A 公司拥有 B 公司 70% 的股权,并能够对 B 公司的财务和经营政策施加重大影响。A 公司采用当期平均汇率折算 B 公司利润表项目。B 公司的有关资料如下。

(1)2009 年 12 月 31 日的汇率为 1 美元 = 8.1 元人民币,2009 年的平均汇率为 1 美元 = 7.8 元人民币,实收资本、资本公积发生日的即期汇率为 1 美元 = 8.0 元人民币。

(2)2008 年 12 月 31 日的股本为 600 万美元,折算为人民币 4 800 万元;累计盈余公积为 30 万美元,折算为人民币 243 万元;累计未分配利润为 100 万美元,折算为人民币 800 万元。

(3)A、B 公司均在年末提取盈余公积。

报表折算如表 9.5、表 9.6 和表 9.7 所示。

表 9.5 利润表

2009 年　　单位:万元

项　目	期末数(美元)	折算汇率	折算为人民币金额
一、营业收入	2 000	7.80	15 600
减:营业成本	1 500	7.80	11 700
营业税金及附加	40	7.80	312
管理费用	100	7.80	780
财务费用	10	7.80	78
加:投资收益	30	7.80	234
二、营业利润	380	—	2 964

续表

项　目	期末数(美元)	折算汇率	折算为人民币金额
加:营业外收入	40	7.80	312
减:营业外支出	20	7.80	156
三、利润总额	400	—	3 120
减:所得税费用	120	7.80	936
四、净利润	280	—	2 184
五、每股收益			

表 9.6　所有者权益变动表

2009 年　　单位:万元

项目	实收资本			盈余公积			未分配利润		外币报表折算差额	股东权益合计
	美元	折算汇率	人民币	美元	折算汇率	人民币	美元	人民币		人民币
一、本年年初余额	600	8	4 800	30		243	100	800		5 843
二、本年增减变动金额										
(一)净利润							280	2 184		2 184
(二)直接计入所有者权益的利得和损失										-392
其中:外币报表折算差额									-392	-392
(三)利润分配										-1 560
1. 提取盈余公积				70	7.8	546	-70	-546		0
2. 对股东的分配							-200	-1 560		-1 560
三、本年年末余额	600	8	4 800	100		789	110	878	-392	6 075

当期计提的盈余公积采用当期平均汇率折算,期初盈余公积为以前年度计提的盈余公积按相应年度平均汇率折算后金额的累计,期初未分配利润记账本位币金额为以前年度未分配利润记账本位币金额的累计。

表 9.7　资产负债表

2009 年 12 月 31 日　　单位:万元

资　产	期末数(美元)	折算汇率	折算为人民币金额	负债和股东权益	期末数(美元)	折算汇率	折算为人民币金额
流动资产:				流动负债:			

续表

资 产	期末数（美元）	折算汇率	折算为人民币金额	负债和股东权益	期末数（美元）	折算汇率	折算为人民币金额
货币资金	90	8.1	729	短期借款	45	8.1	364.5
应收账款	190	8.1	1 539	应付账款	285	8.1	2 308.5
存货	240	8.1	1 944	其他流动负债	110	8.1	891
其他流动资产	150	8.1	1 215	流动负债合计	440	—	3 564
流动资产合计	670	—	5 427	非流动负债：			
非流动资产：				长期借款	140	8.1	1 134
长期应收款	120	8.1	972	应付债券	80	8.1	648
固定资产	550	8.1	4 455	其他非流动负债	90	8.1	729
在建工程	80	8.1	648	非流动负债合计	310	—	2 511
无形资产	50	8.1	405	负债合计	750		6 075
其他非流动资产	30	8.1	243	股东权益：			
非流动资产合计	830	—	6 723	股东	600	8.0	4 800
				盈余公积	100		789
				未分配利润	110		878
				外币报表折算差额			-392
				股东权益合计	810		6 075
资产总计	1 500		12 150	负债和股东权益总计	1 560		12 150

外币报表折算差额为以记账本位币反映的净资产减去以记账本位币反映的实收资本、累计盈余公积及累计未分配利润后的余额。

9.2.2.2 特殊项目的处理

特殊项目的外币财务报表的处理有以下情况。

(1)少数股东分担的外币财务报表折算差额，应并入少数股东权益。在企业境外经营为其子公司的情况下，企业在编制合并财务报表时，应按少数股东在境外经营所有者权益中所享有的份额计算少数股东应分担的外币财务报表折算差额，并将少数股东权益列示于合并资产负债表。

(2)实质上构成境外经营净投资的外币货币性项目产生的汇兑差额的处理。母公司含有实质上构成对子公司(境外经营)净投资的外币货币性项目的情况下，企业在编制合并财务报表时，应分两种情况编制抵销分录：①实质上构成对子公司净投资的外币货币性项目以母公司或子公司的记账本位币反映，应在抵销长期应收应付项目的同时，将其产生的汇兑差额转入“外币报表折算差额”项目，即借记或贷记“财务费用——汇兑差额”科目，贷记或借记“外币报表折算差额” 科目；②实质上构成对子公司净投资的外币货币性项目以母公司、子公司的记账本位币以外的货币反映，应将母公司、子公司此项外币货币性项目产生的汇兑差额相互抵销,差额转入“外币报表折算差额”。

如果合并财务报表中各子公司之间也存在实质上构成对另一子公司(境外经营)净投资的外币货币性项目,企业在编制合并财务报表时应比照上述原则编制相应的抵销分录。

9.2.3 境外经营的处置

企业可能通过出售、清算、返还股本或放弃全部、部分权益等方式处置其在境外经营中的利益。企业在处置境外经营时,应当将资产负债表中所有者权益项目下列示的、与该境外经营相关的外币财务报表折算差额,自所有者权益项目转入处置当期损益;部分处置境外经营的,应当按处置的比例计算处置部分的外币财务报表折算差额,转入处置当期损益。

知识链接

1. 本章主要阐述了外币交易的会计处理及外币财务报表的折算。本章主要内容有:记账本位币的确定;外币交易的初始确认、资产负债表日及结算日的会计处理;外币财务报表的折算。

2. 根据《企业会计准则第19号——外币折算》的规定,将外币报表折算差额在“未分配利润”项目下以“外币财务报表折算差额”单独反映,将少数股东权益作为所有者权益项目在报表中列示。财务费用——汇兑差额以及投资收益分别列入利润表中“财务费用”及“投资收益”项目。

3. 企业应当在报表附注中披露与外币折算有关的下列信息:①企业及其境外经营选定的记账本位币及选定的原因,记账本位币发生变更的,说明变更理由;②采用近似汇率的,说明近似汇率的确定方法;③计入当期损益的汇兑差额;④处置境外经营对外币财务报表折算差额的影响。

4. 学习本章内容,可以阅读和参考《企业会计准则第19号——外币折算》及其应用指南、《企业会计准则讲解(2008)》第二十章“外币折算”、《企业会计准则——应用指南》中的“会计科目和主要账务处理”等内容。

10

合并财务报表

学习要求

(1)掌握合并财务报表的概念和合并财务报表范围的确定原则。

(2)掌握对子公司的个别财务报表进行调整的会计处理。

(3)掌握对子公司的长期股权投资由成本法调整为权益法的会计处理。

(4)掌握合并资产负债表的内容、格式和编制方法。

(5)掌握合并利润表的内容、格式和编制方法。

(6)掌握合并现金流量表的内容、格式和编制方法。

(7)掌握合并所有者权益变动表的内容、格式和编制方法。

(8)熟悉合并工作底稿的结构、项目和数字勾稽关系。

(9)熟悉合并工作底稿与合并资产负债表、合并利润表、合并现金流量表、合并所有者权益变动表之间的数字对应关系。

能力目标

根据《会计基础工作规范》的规定,企业应当设置“总账报表岗位”。报表岗位的会计人员负责年度和中期各种财务报表的编制。结合本章内容的学习,作为报表岗位的会计人员,应当掌握下列专业技能。

(1)能够正确设计合并工作底稿,并将母公司、子公司个别财务报表各项目的数据过入合并工作底稿,在合并工作底稿中对个别财务报表各项目的数据进行加总,计算得出各项目的合计金额。

(2)能够在合并工作底稿中准确完成调整分录的编制,具体包括3个方面的内容:①若子公司所采用的会计政策和会计期间与母公司不一致,通过编制调整分录予以调整;②调整非同一控制下企业合并中取得的子公司的个别财务报表,以使子公司的个别财务报表反映在购买日公允价值基础上确定的可辨认资产、负债及或有负债在本期资产负债表日的金额;③将对子公司的长期股权投资由成本法调整为权益法。

(3)能够在合并工作底稿中准确完成抵销分录的编制,以抵销企业集团内部交易对合并财务报表有关项目的影响。

(4)能够在各项目合计金额的基础上,运用公式"合计金额±抵销分录的借贷方发生额=合并金额",分别计算出各项目的合并金额。

(5)能够根据合并工作底稿中计算出的资产、负债、所有者权益、收入、费用以及现金流量表中各项目的合并金额,填列生成正式的合并财务报表。

学习指导

(1)首先必须弄清楚企业集团、母公司、子公司、控制等的含义,明确会计主体与法律主体的区别。弄清楚这一点,才可以明白为什么在编制合并财务报表时必须将企业集团内部交易对合并财务报表的影响进行抵销和调整处理。

(2)反复研读例10.1,该例题主要讲述了如何对子公司的个别财务报表进行调整、如何按权益法调整对子公司的长期股权投资,这两个方面的调整,需要填列在合并工作底稿中子公司列下和母公司列下(参见表10.4)。掌握了这两个方面的调整,才能够准确计算出合并工作底稿中相关项目的合计金额。

(3)认真研读教材内容,理解编制合并财务报表时必须进行抵销处理的各个项目的原因,只有理解了各个项目抵销处理的原因,才会对理解和掌握抵销分录的编制起到事半功倍的作用。抵销分录的编制是编制合并财务报表的重点和关键,必须加强理解,反复练习,务求熟练。

(4)要掌握合并财务报表的编制,还必须结合例题讲解,熟悉合并工作底稿(表10.4)的结构、项目和数字勾稽关系,熟悉合并工作底稿与合并资产负债表、合并利润表、合并现金流量表、合并所有者权益变动表之间的数字对应关系。

(5)对初学者来说,本章内容可能比较费解,但要学好专业技能必须迎难而上,要知道"勤能补拙是良训,一分辛苦一分才"。只有不吝时间的付出,才会有可喜的收获。

10.1 合并财务报表概述

10.1.1 合并财务报表的概念

合并财务报表,是指反映母公司和其全部子公司形成的企业集团(以下简称企业集团)整体财务状况、经营成果和现金流量的财务报表。与个别财务报表相比,合并财务报表具有以下特点。

1. 合并财务报表反映的是经济意义主体的财务状况、经营成果和现金流量

合并财务报表反映的是企业集团整体的财务状况、经营成果和现金流量,反映的对象通常是由若干个法人(包括母公司和其全部子公司)组成的会计主体,该主体是经济意义上的主体,而不是法律意义上的主体。

2. 合并财务报表的编制者或主体是母公司

在一个企业能够对其他企业实施控制,形成母子公司关系的情况下,母公司才需要编制企业集团整体的合并财务报表,并不是企业集团内所有企业均需编制合并财务报表。

3. 合并财务报表的编制基础是企业集团内母公司、子公司的个别财务报表

合并财务报表是在对纳入合并范围的母公司和其全部子公司的个别财务报表的数据进行调整和加总的基础上,结合其他有关资料,在合并工作底稿中通过编制抵销分录,将母公司与子公司、子公司相互之间发生的内部交易(以下简称内部交易)对合并财务报表的影响予以抵销,然后按照合并财务报表的项目要求合并个别财务报表各项目的数据编制而成。因此,合并财务报表有独特的编制方法,合并财务报表的编制不需要在现行核算会计方法体系之外单独设置一套账簿体系。

4. 合并财务报表有助于财务报告的使用者作出经济决策

合并财务报表能够向财务报告的使用者提供反映企业集团整体财务状况、经营成果和现金流量等会计信息,有助于财务报告的使用者作出经济决策。合并财务报表还有利于避免一些母公司利用控制关系,人为粉饰财务报表情况的发生。

10.1.2 合并财务报表合并范围的确定

合并财务报表的合并范围应当以控制为基础加以确定。

10.1.2.1 控制的定义

控制,是指一个企业能够决定另一个企业的财务和经营政策,并能据以从另一个企业的经营活动中获取利益的权力。控制通常具有如下特征:

(1)控制的主体是唯一的,不是两方或多方,即对被投资单位的财务和经营政策的提议不必征得其他方同意,就可以形成决议,让被投资单位执行;

(2)控制的内容主要是被控制方的财务和经营政策,这些财务和经营政策一般通过表决权来决定;

(3)控制的性质是一种权力或法定权力,也可以是通过公司章程或协议、投资者之间的协议授予的权力;

(4)控制的目的是为了获取经济利益,包括增加经济利益、维持经济利益、保护经济利益,或者降低所分担的损失等。

10.1.2.2 母公司与子公司

企业集团是由母公司和其全部子公司构成的。母公司和子公司是相互依存的,有母公司必然存在子公司,同样,有子公司必然存在母公司。

1. 母公司

母公司是指有一个或一个以上子公司的企业(或主体,下同)。从母公司的定义可以看出,母公司要求同时具备两个条件。

(1)必须有一个或一个以上的子公司,即必须满足控制的要求,能够决定另一个或多个企业的财务和经营政策,并能据以从另一个或多个企业的经营活动中获取利益。母公司可以只控制一个子公司,也可以同时控制多个子公司。如图 10.1 所示,假定 M 公司能够控制 Z 公司,则 M 公司是 Z 公司的母公司。如图 10.2 所示,假定 M 公司能够同时控制 Z_1 公司、Z_2 公司、Z_3 公司和 Z_4 公司,则 M 公司为 Z_1 公司、Z_2 公司、Z_3 公司和 Z_4 公司的母公司。

(2)母公司可以是企业,如《公司法》所规范的股份有限公司、有限责任公司等;也可以是主体,如非企业形式的、但形成会计主体的其他组织,如基金等。

2. 子公司

子公司是指被母公司控制的企业。从子公司的定义可以看出,子公司也要求同时具备两个条件。

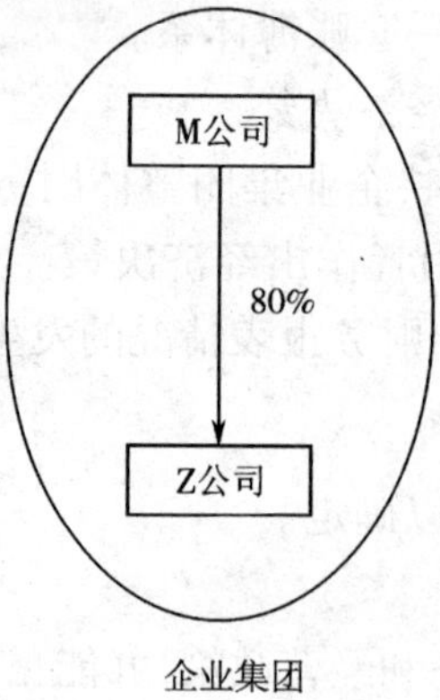

图 10.1 企业集团

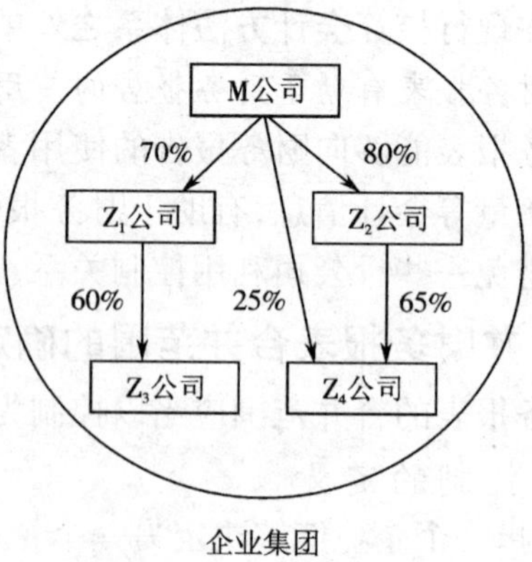

图 10.2 企业集团

(1)作为子公司必须被母公司控制,并且只能由一个母公司控制,不可能也不允许被两个或多个母公司共同控制。被两个或多个公司共同控制的被投资单位是合营企业,而不是子公司。如图 10.1 所示,假定 M 公司能够控制 Z 公司,则 Z 公司是 M

公司的子公司。如图10.2所示，假定M公司能够同时控制Z_1公司、Z_2公司、Z_3公司和Z_4公司，则Z_1公司、Z_2公司、Z_3公司和Z_4公司均为M公司的子公司。

（2）子公司可以是企业，如《公司法》所规范的股份有限公司、有限责任公司等；也可以是主体，如非企业形式的、但形成会计主体的其他组织，如基金以及信托项目等特殊目的主体。

10.1.2.3 控制的具体应用

1. 母公司拥有其半数以上表决权的被投资单位应纳入合并财务报表的合并范围

母公司直接或通过子公司间接拥有被投资单位半数以上表决权，表明母公司能够控制被投资单位，应当将该被投资单位认定为子公司，并纳入合并财务报表的合并范围。但是，有证据表明母公司不能控制被投资单位的除外。

当母公司拥有被投资单位半数以上表决权时，母公司就拥有对该被投资单位的控制权，能够主导该被投资单位的股东大会（或股东会，下同），特别是董事会，并对其生产经营活动和财务政策实施控制。在这种情况下，子公司在母公司的直接控制和管理下进行日常生产经营活动，子公司的生产经营活动成为事实上的母公司生产经营活动的一个组成部分，母公司与子公司生产经营活动已一体化。因此，拥有被投资单位半数以上表决权是母公司对其拥有控制权的最明显标志，应将其纳入合并财务报表的合并范围。

母公司拥有被投资单位半数以上表决权，通常包括如下3种情况。

（1）母公司直接拥有被投资单位半数以上表决权。如图10.1所示，M公司直接拥有Z公司80%的表决权。在这种情况下，Z公司就成为M公司的子公司，M公司编制合并财务报表时，应当将Z公司纳入其合并范围。

（2）母公司间接拥有被投资单位半数以上表决权。间接拥有半数以上表决权，是指母公司通过子公司而对子公司的子公司拥有半数以上表决权。如图10.2所示，M公司拥有Z_1公司70%的表决权，而Z_1公司又拥有Z_3公司60%的表决权。在这种情况下，M公司作为母公司通过其子公司Z_1公司，间接拥有Z_3公司60%的表决权，从而Z_3公司也是M公司的子公司，M公司编制合并财务报表时，也应当将Z_3公司纳入其合并范围。

（3）母公司以直接和间接方式合计拥有被投资单位半数以上表决权。以直接和间接方式合计拥有半数以上表决权，是指母公司以直接方式拥有某一被投资单位半数以下表决权，同时又通过其他方式（如通过子公司）拥有该被投资单位一部分表决权，两者合计拥有该被投资单位半数以上表决权。如图10.2所示，M公司拥有Z_2公司80%的表决权，拥有Z_4公司25%的表决权；Z_2公司拥有Z_4公司65%的表决权。在这种情况下，Z_2公司为M公司的子公司，M公司通过子公司Z_2公司间接拥有Z_4公司65%的表决权，与直接拥有25%的表决权合计，M公司共拥有Z_4公司90%的表决权，从而Z_4公司属于M公司的子公司，M公司编制合并财务报表时，也应当将Z_4公司纳入其合并范围。

试试看,你能行:

下列公司的股东均按所持股份行使表决权,W 公司编制合并报表时应纳入其合并范围的公司有(　　)。

A. 甲公司(W 公司拥有其 60% 的股权)

B. 乙公司(W 公司拥有其 51% 的股权)

C. 丙公司(W 公司拥有其 30% 的股权,甲公司拥有其 40% 的股权)

D. 丁公司(W 公司拥有其 20% 的股权,乙公司拥有其 40% 的股权)

E. 戊公司(W 公司拥有其 30% 的股权,乙公司拥有其 20% 的股权)

2. 母公司拥有半数以下表决权的被投资单位纳入合并财务报表合并范围的条件

在母公司没有拥有被投资单位半数以上表决权的情况下,如果母公司通过其他方式对被投资单位的财务和经营政策能够实施控制,这些被投资单位也应作为子公司纳入其合并范围。

(1)通过与被投资单位的其他投资者之间的协议,拥有被投资单位半数以上表决权。这种情况是指母公司与其他投资者共同投资某企业,母公司与其中的某些投资者签订书面协议,受托管理和控制该被投资单位,从而在被投资单位的股东大会和董事会上拥有该被投资单位半数以上表决权。在这种情况下,母公司对该被投资单位的财务和经营政策拥有控制权,使该被投资单位成为母公司事实上的子公司从而应当将其纳入合并财务报表的合并范围。

(2)根据公司章程或协议,有权决定被投资单位的财务和经营政策。这种情况是指在被投资单位的公司章程等文件中明确规定母公司对其财务和经营政策能够实施控制。企业的财务和经营政策直接决定着企业的生产经营活动和未来发展,能够控制企业的财务和经营政策也就相当于能控制企业生产经营活动和未来发展。这样,也就使该被投资单位成为母公司事实上的子公司,从而应当将其纳入合并财务报表的合并范围。

(3)有权任免被投资单位董事会或类似机构的多数成员。这种情况是指母公司能够通过任免被投资单位董事会的多数成员控制该被投资单位的生产经营活动,使该被投资单位成为母公司事实上的子公司,从而应当将其纳入合并财务报表的合并范围。这里的“多数”是指超过半数(不包括半数)。

(4)在被投资单位董事会或类似机构占多数表决权。这种情况是指母公司能够控制董事会或类似机构的会议,从而主导被投资单位董事会的经营决策,使该被投资单位的生产经营活动在母公司的控制下进行,使被投资单位成为母公司事实上的子公司,从而也应当将其纳入合并财务报表的合并范围。

实际工作中,在判断母公司对子公司是否形成控制并将其纳入合并财务报表的合并范围时,不能仅仅根据投资比例而定,而应当贯彻实质重于形式的要求。在母公司拥有被投资单位半数或以下表决权,但满足上述 4 个条件之一时,视母公司能够控制被投资单位,应当将该被投资单位认定为子公司,纳入合并财务报表的合并范围。但是,有证据表明母公司不能控制被投资单位的除外。

10.1.2.4 所有子公司都应纳入母公司合并财务报表的合并范围

母公司应当将其全部子公司纳入合并财务报表的合并范围。即,只要是由母公司控制的子公司,不论子公司的规模大小、子公司向母公司转移资金能力是否受到严格限制、子公司的业务性质与母公司或企业集团内其他子公司是否有显著差别,都应当纳入母公司合并财务报表的合并范围。

下列被投资单位不是母公司的子公司,不应当纳入母公司的合并财务报表的合并范围。

1. 已宣告被清理整顿的原子公司

已宣告被清理整顿的原子公司,是指在当期宣告被清理整顿的被投资单位,该被投资单位在上期是母公司的子公司。在这种情况下,被投资单位实际上在当期已经由股东、董事或股东大会指定人员或人民法院指定有关人员组成的清算组对该被投资单位进行日常管理,在清算期间,被投资单位不得开展与清算无关的经营活动。因此,母公司不能再控制该被投资单位,不能将该被投资单位继续认定为子公司。

2. 已宣告破产的原子公司

已宣告破产的原子公司,是指在当期宣告破产的被投资单位,该被投资单位在上期是母公司的子公司。在这种情况下,被投资单位的日常管理已转交给由人民法院指定的管理人。母公司不能再控制该被投资单位,不能将该被投资单位继续认定为子公司。

3. 母公司不能控制的其他被投资单位

母公司不能控制的其他被投资单位,是指母公司不能控制的除上述两种情形以外的其他被投资单位,如联营企业、合营企业等。母公司不能控制此类被投资单位,也就不能将此类被投资单位认定为子公司。

试试看,你能行:

W 公司应将下列企业纳入合并范围的有(　　)。

A. 甲公司(W 公司能够控制、但规模较小的子公司)

B. 乙公司(W 公司能够控制、但业务性质与 W 公司有较大差异)

C. 丙公司(其 70% 的表决权资本由 W 公司拥有,已宣告被清理整顿)

D. 丁公司(其 40% 的表决权资本由 W 公司拥有,W 公司受托管理其他投资者在丁公司 30% 的股份)

E. 戊公司(其 40% 的表决权资本由 W 公司拥有,但 W 公司有权任免戊公司董事会的多数成员)

10.1.3 合并财务报表的编制程序

10.1.3.1 对子公司的个别财务报表进行调整

在编制合并财务报表时，首先应对各子公司进行分类，分为同一控制下企业合并中取得的子公司和非同一控制下企业合并中取得的子公司两类。

1. 同一控制下企业合并中取得的子公司

对于同一控制下企业合并中取得的子公司，如果不存在与母公司会计政策和会计期间不一致的情况，则不需要对该子公司的个别财务报表进行调整，即不需要将该子公司的个别财务报表调整为公允价值反映的财务报表，只需要抵销内部交易对合并财务报表的影响。否则，需要对该子公司的个别财务报表进行调整，即将该子公司的个别财务报表调整为公允价值反映的财务报表。

2. 非同一控制下企业合并中取得的子公司

对于非同一控制下企业合并中取得的子公司，除存在与母公司会计政策和会计期间不一致的情况，需要对该子公司的个别财务报表进行调整外，还应当根据母公司为该子公司设置的备查簿记录，以记录的该子公司的各项可辨认资产、负债及或有负债等在购买日的公允价值为基础，通过编制调整分录，对该子公司的个别财务报表进行调整，以使子公司的个别财务报表反映为在购买日公允价值基础上确定的可辨认资产、负债及或有负债在本期资产负债表日的金额。

10.1.3.2 编制合并工作底稿

合并工作底稿的作用是为合并财务报表的编制提供基础。将母公司、子公司个别资产负债表、利润表、现金流量表、所有者权益变动表各项目的数据过入到合并工作底稿，并在合并工作底稿中对母公司和子公司个别财务报表各项目的数据进行加总，计算得出个别资产负债表、利润表、现金流量表、所有者权益变动表各项目的合计金额。

10.1.3.3 编制调整分录和抵销分录

在合并工作底稿中编制调整分录和抵销分录，将内部交易对合并财务报表有关项目的影响进行抵销处理。编制抵销分录进行抵销处理是合并财务报表编制的关键和主要内容，其目的在于将个别财务报表各项目的加总金额中重复的因素予以抵销。

在合并工作底稿中编制的调整分录主要包括以下三种情况：①对非同一控制下企业合并中取得的子公司的个别财务报表进行合并时，通过编制调整分录，对子公司提供的个别财务报表进行调整，以使子公司的个别财务报表反映为在购买日公允价值基础上确定的可辨认资产、负债及或有负债在本期资产负债表日的金额；②在编制合并财务报表时，对子公司的长期股权投资应由成本法调整为权益法，需要在合并工作底稿中通过编制调整分录予以调整，但不改变母公司“长期股权投资”的账簿记录；③对于子公司所采用的会计政策和会计期间与母公司不一致的，如果母公司自行对子公司的个别财务报表进行调整，也应当在合并工作底稿中通过编制调整分录予以调整。

在合并工作底稿中编制的调整分录和抵销分录,借记或贷记的均为财务报表项目(即资产负债表项目、利润表项目、现金流量表项目和所有者权益变动表项目),而不是具体的会计科目。比如,在调整或抵销固定资产折旧、固定资产减值准备时,均通过资产负债表中的“固定资产”项目,而不是“累计折旧”、“固定资产减值准备”等科目来进行调整和抵销。

10.1.3.4 计算合并财务报表各项目的合并金额

在母公司和子公司个别财务报表各项目合计金额的基础上,分别计算出合并财务报表中各资产项目、负债项目、所有者权益项目、收入项目和费用项目等的合并金额。其计算方法如下:

(1)资产类各项目,其合并金额应根据该项目合计金额,加上该项目抵销分录有关的借方发生额,减去该项目抵销分录有关的贷方发生额计算确定;

(2)负债类各项目和所有者权益类各项目,其合并金额应根据该项目合计金额,减去该项目抵销分录有关的借方发生额,加上该项目抵销分录有关的贷方发生额计算确定;

(3)有关收入类各项目和有关所有者权益变动类各项目,其合并金额应根据该项目合计金额,减去该项目抵销分录的借方发生额,加上该项目抵销分录的贷方发生额计算确定;

(4)有关费用类项目,其合并金额应根据该项目合计金额,加上该项目抵销分录的借方发生额,减去该项目抵销分录的贷方发生额计算确定。

以上计算方法用公式表示为:

合并金额 = 合计金额 ± 抵销分录的借贷方发生额

其中,调整分录的借贷方发生额已包含在合计金额中。该公式的应用,可参见表10.4“合并工作底稿”。

10.1.3.5 填列合并财务报表

根据合并工作底稿中计算出的资产、负债、所有者权益、收入、费用以及现金流量表中各项目的合并金额,填列生成正式的合并财务报表。

10.2 合并资产负债表

合并资产负债表是反映企业集团在某一特定日期财务状况的财务报表,由合并资产、负债和所有者权益各项目组成。

10.2.1 按权益法调整对子公司的长期股权投资

合并财务报表准则规定,合并财务报表应当以母公司和其全部子公司的财务报表为基础,根据其他有关资料,按照权益法调整对子公司的长期股权投资后,由母公司编制。

在合并工作底稿中,按权益法调整对子公司的长期股权投资时,应按照《企业会计准则第2号——长期股权投资》所规定的权益法进行调整,但不改变母公司"长期股权投资"的账面记录。

【例10.1】 如图10.1所示,假设M公司能够控制Z公司,Z公司为股份有限公司。2009年12月31日,M公司个别资产负债表中对Z公司长期股权投资的金额为3 000万元①,并拥有Z公司80%的股份。M公司在个别资产负债表中采用成本法核算该项长期股权投资。其他有关资料如下。

(1)2009年1月1日,M公司用银行存款3 000万元购得Z公司80%的股份(假定M公司与Z公司的企业合并属于非同一控制下的企业合并)。M公司备查簿中记录Z公司在2009年1月1日的可辨认资产、负债及或有负债的公允价值资料,如表10.1所示。

表10.1 M公司备查簿

2009年1月1日 单位:万元

项 目	账面价值	公允价值	公允价值与账面价值的差额	合并报表调整	余 额	备 注
Z公司:						
流动资产	3 800	3 800				
非流动资产	1 900	2 000				
其中:固定资产——A办公楼	600	700	100	(1)5	695	该办公楼的剩余折旧年限为20年,采用年限平均法计提折旧
资产总计	5 700	5 800				
流动负债	1 300	1 300				
非流动负债	900	900				
负债合计	2 200	2 200				
股本	2 000	2 000				
资本公积	1 500	1 600	100*			
盈余公积	0	0				
未分配利润	0	0				
股东权益合计	3 500	3 600				
负债和股东权益总计	5 700	5 800				

*100万元为在购买日Z公司可辨认净资产公允价值大于账面价值的差额。

① 在本章,为方便理解合并财务报表的编制,统一以"万元"为单位。在实务中,合并财务报表应当以"元"为单位列报。

(2)2009 年 1 月 1 日,Z 公司股东权益总额为 3 500 万元,其中股本为 2 000 万元,资本公积为 1 500 万元,盈余公积为 0 元,未分配利润为 0 元。

(3)2009 年,Z 公司实现净利润 1 000 万元,提取法定公积金 100 万元,向 M 公司分派现金股利[①] 480 万元,向其他股东分派现金股利 120 万元,未分配利润为 300 万元。Z 公司因持有的可供出售金融资产的公允价值变动计入当期资本公积的金额为 100 万元。

(4)2009 年 12 月 31 日, Z 公司股东权益总额为 4 000 万元,其中股本为 2 000 万元,资本公积为 1 600 万元,盈余公积为 100 万元,未分配利润为 300 万元。

(5)M 公司与 Z 公司个别资产负债表分别见表 10.2(157 页)和表 10.3(158 页)。

(6)假定 2009 年 12 月 31 日,M 公司对 Z 公司的长期股权投资未发生减值;Z 公司的会计政策和会计期间与 M 公司一致;不考虑 M 公司和 Z 公司合并资产、负债的所得税影响。

要求:分析、编制母公司 M 公司 2009 年度的调整分录。

第一步,在合并工作底稿中调整 Z 公司的个别财务报表,计算 Z 公司经调整后的净利润。

(1)首先,按照表 10.1 中的记录,在购买日 Z 公司可辨认资产、负债及或有负债的公允价值与账面价值仅存在一项差异,即 A 办公楼,其公允价值高于账面价值的差额为 100(100 = 700 - 600)万元,按年限平均法每年应计提的折旧额为 5(5 = 100 ÷ 20)万元。假定 A 办公楼用于 Z 公司的总部管理。在合并工作底稿(见表 10.4)中应作调整分录如下:

借:管理费用	50 000	
贷:固定资产——累计折旧		50 000

(2)然后,以 Z 公司 2009 年 1 月 1 日各项可辨认资产等的公允价值为基础,重新计算确定 Z 公司 2009 年的净利润 = 1 000 - 5 = 995(万元)。

注:M 公司备查簿中记录的 A 办公楼"公允价值与账面价值的差额"100 万元,直接转入合并工作底稿中的"固定资产"项目和"资本公积"项目。

在连续编制合并财务报表时,应编制如下调整分录:

借:未分配利润——年初	45 000	
盈余公积——年初	5 000	
贷:固定资产——累计折旧		50 000
借:管理费用	50 000	

① 为了便于说明合并所有者权益变动表的编制,本章特设定 Z 公司和 M 公司 2009 年即进行了现金股利分配。

贷:固定资产——累计折旧　　　　　　　　　　　　　　50 000

第二步,在合并工作底稿中按权益法调整对Z公司的长期股权投资,调整分录如下。

(1)确认M公司在Z公司经调整后的净利润995万元中所享有的份额为796(796 =995 ×80%)万元。

借:长期股权投资——Z公司　　　　　　　　　　7 960 000

　贷:投资收益——Z公司　　　　　　　　　　　7 960 000

(2)确认M公司收到Z公司分派的现金股利,同时抵销原按成本法确认的投资收益480万元。

借:投资收益——Z公司　　　　　　　　　　　　4 800 000

　贷:长期股权投资——Z公司　　　　　　　　　4 800 000

(3)确认M公司在Z公司除净损益以外所有者权益的其他变动(资本公积增加额100万元)中所享有的份额为80(80 =100 ×80%)万元。

借:长期股权投资——Z公司　　　　　　　　　　　800 000

　贷:资本公积——其他资本公积——Z公司　　　　800 000

连续编制合并财务报表的情况下,在合并工作底稿中将长期股权投资由成本法调整为权益法时,应编制如下调整分录:

借:长期股权投资——Z公司　　　(796 -480 +80)　3 960 000

　贷:未分配利润——年初　　　[(796 -480) ×90%]　2 844 000

　　盈余公积——年初　　　　[(796 -480) ×10%]　316 000

　　资本公积——其他资本公积——Z公司　　　　　800 000

10.2.2 编制合并资产负债表时应进行抵销处理的项目

合并资产负债表是以母公司和子公司个别资产负债表为基础编制的。对于企业集团的内部交易,发生交易的各方都在其个别资产负债表中进行了反映。例如,母公司与子公司之间发生的赊购赊销业务,对于赊销企业来说,一方面确认营业收入、结转营业成本、计算营业利润,并在其个别资产负债表中反映为应收账款;而对于赊购企业来说,在内部购入的存货未实现对外销售的情况下,则在其个别资产负债表中反映为存货和应付账款。在这种情况下,资产、负债和所有者权益类各项目的合计金额中,必然包含有重复计算的因素。作为反映企业集团整体财务状况的合并资产负债表,必须将这些重复计算的因素予以扣除,即对这些重复的因素进行抵销处理。这些需要扣除的重复因素,就是合并财务报表编制时需要进行抵销处理的项目。

编制合并资产负债表时需要进行抵销处理的,主要有如下项目。

10.2.2.1 长期股权投资项目与子公司所有者权益项目的抵销处理

母公司对子公司进行的长期股权投资,一方面反映为长期股权投资以外的其他资产的减少,另一方面反映为长期股权投资的增加,在母公司个别资产负债表中作为资产类项目中的长期股权投资列示。子公司接受这一投资时,一方面增加资产,另一方面作为实收资本(或股本,下同)处理,在其个别资产负债表中,一方面反映为实收资本的增加,另一方面反映为相应资产的增加。从企业集团整体来看,母公司对子公司进行的长期股权投资实际上相当于母公司将资本拨付下属核算单位,并不引起整个企业集团的资产、负债和所有者权益的增减变动。因此,编制合并财务报表时,应当在母公司与子公司个别财务报表数据简单相加的基础上,将母公司对子公司长期股权投资项目与子公司所有者权益项目予以抵销。

(1)在子公司为全资子公司的情况下,母公司对子公司长期股权投资的金额和子公司所有者权益各项目的金额应当全额抵销。

在合并工作底稿中编制的抵销分录为:借记"实收资本"或"股本"、"资本公积"、"盈余公积"和"未分配利润——年末"项目(非同一控制下企业合并中,购买日确定的被购买方可辨认资产等的公允价值与账面价值不同的,是指经调整后的被购买方所有者权益项目及其金额),贷记"长期股权投资"项目(按照权益法调整后的长期股权投资项目及其金额)。当母公司对子公司长期股权投资的金额大于子公司所有者权益总额时,其差额作为商誉处理,应按其差额,借记"商誉"项目;当母公司对子公司长期股权投资的金额小于子公司所有者权益总额时,其差额在企业合并当期应计入合并利润表,贷记"营业外收入"项目,在合并以后期间应调整期初未分配利润。

(2)在子公司为非全资子公司的情况下,应当将母公司对子公司长期股权投资的金额与子公司所有者权益中母公司所享有的份额相抵销。

在合并工作底稿中编制的抵销分录为:借记"实收资本"或"股本"、"资本公积"、"盈余公积"和"未分配利润——年末"项目,贷记"长期股权投资"和"少数股东权益"项目。当母公司对子公司长期股权投资的金额与在子公司所有者权益中享有的份额不一致时,其差额应比照全资子公司的情况处理。子公司所有者权益中不属于母公司的份额,即子公司所有者权益中抵销母公司所享有的份额后的余额,在合并财务报表中作为"少数股东权益"处理。

需要说明的是,对于同一控制下企业合并中取得的子公司,因长期股权投资按照权益法调整后与应享有子公司所有者权益的份额相等,上述抵销处理不会产生差额,合并中不形成商誉或应计入损益的因素。

【例 10.2】 沿用例 10.1,2009 年 12 月 31 日 M 公司对 Z 公司长期股权投资经调整后的金额为 3 396 万元(投资成本 3 000 万元 + 权益法调整增加的长期股权投资 396 万元)与其在 Z 公司经调整的股东权益总额中所享有的金额 3 276 万元((股东权益账面余额 4 000 万元 + A 办公楼购买日公允价值高于账面价值的差额 100 万元 - A 办公楼购买日公允价值高于账面价值的差额按 20 年计提的折旧额 5 万元) ×

80%)之间的差额,为商誉120(120=3 396-3 276)万元。Z公司股东权益中20%的部分,即819万元((股东权益账面余额4 000万元+A办公楼购买日公允价值高于账面价值的差额100万元-A办公楼购买日公允价值高于账面价值的差额按20年计提的折旧额5万元)×20%)属于少数股东权益,在抵销处理时应作为少数股东权益处理。其抵销分录如下:

借:股本	20 000 000	
资本公积——年初	16 000 000	
——本年	1 000 000	
盈余公积——年初	0	
——本年	1 000 000	
未分配利润——年末	2 950 000	
商誉	1 200 000	
贷:长期股权投资		33 960 000
少数股东权益		8 190 000

注:“资本公积——年初”项目1 600万元包含:购买日A办公楼公允价值高于账面价值的差额100万元;“未分配利润——年末”项目的金额295(295=0+300-5)万元;“少数股东权益”项目的金额819(819=(4 000+100-5)×20%)万元。商誉也可以这样计算,2009年1月1日投资成本=3 000-(Z公司2009年1月1日的所有者权益总额3 500+Z公司固定资产公允价值增加额100)×80%=120(万元)。

其合并工作底稿参见表10.4(159页)。

需说明的是,子公司持有母公司的长期股权投资、子公司相互之间持有的长期股权投资,也应比照上述母公司对子公司的长期股权投资的抵销方法进行抵销处理。

10.2.2.2 内部债权与内部债务的抵销处理

母公司与子公司、子公司相互之间的债权和债务项目,是指母公司与子公司、子公司相互之间因销售商品、提供劳务以及发生结算业务等原因产生的应收账款与应付账款、应收票据与应付票据、预付账款与预收账款、其他应收款与其他应付款、持有至到期投资与应付债券、应收股利与应付股利等项目。发生在母公司与子公司、子公司相互之间的这些项目,企业集团内部企业的一方在其个别资产负债表中反映为资产,而另一方则在其个别资产负债表中反映为负债。但从企业集团整体角度来看,它只是内部资金运动,既不能增加企业集团的资产,也不能增加负债。因此,为了消除个别资产负债表直接加总中的重复计算因素,在编制合并财务报表时应当将内部债权债务项目予以抵销。

1.应收账款与应付账款的抵销处理

1)初次编制合并财务报表时应收账款与应付账款的抵销处理

初次编制合并财务报表时,随着内部应收账款的抵销,与此相联系,也须将内部应收账款计提的坏账准备予以抵销。内部产生的应收账款,其抵销分录为:借记“应付账款”项目,贷记“应收账款”项目;内部应收账款计提的坏账准备抵销时,其抵销分录为:借记“应收账款——坏账准备”项目,贷记“资产减值损失”项目。

【例10.3】 M公司2009年个别资产负债表(表10.2)中,应收账款475万元为2009年向Z公司销售商品发生的应收销货款的账面价值,M公司对该笔应收账款计提的坏账准备为25万元。Z公司2009年个别资产负债表(表10.3)中,应付账款500万元是2009年向M购进商品存货发生的应付购货款。

表10.2 资产负债表(简表)

会企01表

编制单位:M公司　　2009年12月31日　　单位:万元

资　产	期末余额	年初余额	负债和所有者权益(或股东权益)	期末余额	年初余额
流动资产:			流动负债:		
货币资金	1 000	3 000	应付票据	1 000	1 000
应收票据	1 400	1 000	应付账款	3 000	2 000
其中:应收Z公司票据	400		预收款项	200	300
应收账款	1 800	1 300	其中:预收Z公司账款	100	
其中:应收Z公司账款	475		应付职工薪酬	1 000	2 100
预付款项	770		应交税费	800	1 000
存货	1 000	3 800	流动负债合计	6 000	6 400
其中:向Z公司购入存货	1 000		非流动负债:		
流动资产合计	5 970	9 100	长期借款	2 000	2 000
非流动资产:			应付债券	600	600
可供出售金融资产			非流动负债合计	2 600	2 600
持有至到期投资	200	200	负债合计	8 600	9 000
其中:持有Z公司债券	200	200			
长期股权投资	4 700	1 700	所有者权益(或股东权益):		
其中:对Z公司投资	3 000		实收资本(或股本)	4 000	4 000
固定资产	4 100	3 300	资本公积	800	800
其中:向Z公司购入固定资产	200		盈余公积	1 000	732
无形资产	630	700	未分配利润	1 200	468
非流动资产合计	9 630	5 900	所有者权益合计	7 000	6 000
资产总计	15 600	15 000	负债和所有者权益总计	15 600	15 000

表 10.3 资产负债表(简表)

会企 01 表

编制单位:Z 公司　　2009 年 12 月 31 日　　单位:万元

资　产	期末余额	年初余额	负债和所有者权益（或股东权益）	期末余额	年初余额
流动资产:			流动负债:		
货币资金	500	300	应付票据	400	300
应收票据	300	100	其中:应付票据——M 公司	400	
应收账款	760	600	应付账款	500	400
预付款项	400		其中:应付 M 公司账款	500	
其中:预付 M 公司账款	100		预收款项		50
存货	1 100	2 800	应付职工薪酬	100	350
流动资产合计	3 060	3 800	应交税费	60	200
非流动资产:			流动负债合计	1 060	1 300
可供出售金融资产	800	700	非流动负债:		
持有至到期投资			长期借款	700	700
长期股权投资			应付债券	200	200
固定资产	2 100	1 200	其中:应付债券——M 公司	200	200
其中:向 M 公司购入固定资产	108		非流动负债合计	900	900
无形资产			负债合计	1 960	2 200
非流动资产合计	2 900	1 900	所有者权益(或股东权益):		
			股本	2 000	2 000
			资本公积	1 600	1 500
			其中:可供出售金融资产公允价值变动	100	
			盈余公积	100	0
			未分配利润	300	0
			股东权益合计	4 000	3 500
资产总计	5 960	5 700	负债和股东权益总计	5 960	5 700

在编制合并财务报表时,应将内部应收账款与应付账款相互抵销;同时,还应将内部应收账款计提的坏账准备予以抵销,其抵销分录如下:

借:应付账款　　5 000 000

　　贷:应收账款　　5 000 000

借:应收账款——坏账准备　　250 000

　　贷:资产减值损失　　250 000

其合并工作底稿参见表10.4。

表10.4 合并工作底稿(简表)

2009年　　　　单位:万元

项　目	M公司			Z公司			合计金额	抵销分录		少数股东权益	合并金额
	报表金额	借方	贷方	报表金额	借方	贷方		借方	贷方		
(利润表项目)											
营业收入	8 700			6 300			15 000	(11)1 000 (13)300 (17)3 500			10 200
营业成本	4 450			4 570			9 020	(12)200	(11)1 000 (13)270 (17)3 500		4 450
营业税金及附加	300			125			425				425
销售费用	15			10			25				25
管理费用	100			12	(1)5		117	(16)1	(14)10		108
财务费用	300			90			390		(18)20		370
资产减值损失	25						25		(7)25		0
投资收益	500	(3)480	(2)796				816	(18)20 (19)796			0
营业利润	4 010	480	796	1 493	5		5 814	5 817	4 825		4 822
营业外支出	10						10		(15)10		0
利润总额	4 000	480	796	1 493	5		5 804	5 817	4 835		4 822
所得税费用	1 320			493			1 813				1 813
净利润	**2 680**	**480**	**796**	**1 000**	**5**		**3 991**	**5 817**	**4 835**		**3 009**
少数股东权益								(19)199		199	199
归属于母公司所有者的净利润											2 810
(所有者权益变动表项目)											
未分配利润——年初	468			0			468	(19)0			468
归属于母公司所有者的净利润											2 810
利润分配	1 948			700			2 648		(19)100 (19)600		1 948
未分配利润——年末	1 200	480	796	300	5		1 811	(5)295 6 311	(19)295 5 830		1 330

续表

项目	M公司			Z公司			合计金额	抵销分录		少数股东权益	合并金额
	报表金额	借方	贷方	报表金额	借方	贷方		借方	贷方		
归属于少数股东的未分配利润——年初										0	0
少数股东损益										199	199
对少数股东的利润分配										120	120
归属于少数股东的未分配利润——年末										79	79
资本公积——年初	800			1 500		100	2 400	(5)1 600			800
可供出售金融资产公允价值变动净额				100			100	(5)100			0
权益法下被投资单位其他所有者权益变动的影响			(4)80				80				80
资本公积——年末	800		80	1 600		100	2 580	1 700			880
盈余公积——年初	732			0			732	(19)0			732
提取盈余公积	268			100			368		(19)100		268
盈余公积——年末	1 000			100			1 100	0	100		1 000
(资产负债表项目)											
流动资产:											
货币资金	1 000			500			1 500				1 000
应收票据	1 400			300			1 700		(9)400		1 300
其中:应收Z公司票据	400						400		(9)400		0
应收账款	1 800			760			2 560	(7)25	(6)500		2 085
其中:应收Z公司账款	475						475	(7)25	(6)500		0
预付款项	770			400			1 170		(8)100		1 070
其中:预付M公司账款				100			100		(8)100		0

续表

项 目	M公司			Z公司			合计金额	抵销分录		少数股东权益	合并金额
	报表金额	借方	贷方	报表金额	借方	贷方		借方	贷方		
存货	1 000			1100			2 100		(12)200		1 900
其中:向Z公司购入存货	1 000						1 000		(12)200		800
流动资产合计	**5 970**			**3 060**			**9 030**	**25**	**1 200**		**7 855**
非流动资产:											
可供出售金融资产				800			800				800
持有至到期投资	200						200		(10)200		0
其中:持有Z公司债券	200	(2)796 (4)80	(3)480				200		(10)200		0
长期股权投资	4 700	(2)796 (4)80	(3)480				5 096		(5)3 396		1 700
其中:对Z公司投资	3 000	(2)796 (4)80	(3)480				3396		(5)3 396		0
固定资产	4 100			2 100	100①	(1)5	6 295	(14)10 (15)10	(13)30 (16)1		6 284
其中:Z公司——A办公楼					100②	(1)5	95				95
向Z公司购入固定资产	200						200	(14)10	(13)30		180
向M公司购入固定资产				108			108	(15)10	(16)1		117
无形资产	630						630				630
商誉								(5)120			120
非流动资产合计	**9 630**	**876**	**480**	**2 900**	**100**	**5**	**13 021**	**140**	**3 627**		**9 534**
资产总计	**15 600**	**876**	**480**	**5 960**	**100**	**5**	**22 051**	**165**	**4 827**		**17 389**
流动负债:											
应付票据	1 000			400			1 400	(9)400			1 000
其中:应付票据——M公司				400			400	(9)400			0
应付账款	3 000			500			3 500	(6)500			3 000
其中:应付M公司账款				500			500	(6)500			0
预收款项	200						200	(8)100			100

① 此金额为合计金额。

② 此金额由表10.1:M公司备查簿中记录的“公允价值与账面价值的差额”中100万元直接转入。

续表

项　目	M公司			Z公司			合计金额	抵销分录		少数股东权益	合并金额
	报表金额	借方	贷方	报表金额	借方	贷方		借方	贷方		
其中:预收Z公司账款	100						100	(8)100			0
应付职工薪酬	1 000			100			1 100				1 100
应交税费	800			60			860				860
流动负债合计	**6 000**			**1 060**			**7 060**	**1 000**			**6 060**
非流动负债:											
长期借款	2 000			700			2 700				2 700
应付债券	600			200			800	(10)200			600
其中:应付债券——M公司				200			200	(10)200			0
非流动负债合计	**2 600**			**900**			**3 500**	**200**			**3 300**
负债合计	**8 600**			**1 960**			**10 560**	**1 200**			**9 360**
所有者权益(或股东权益):											
实收资本(或股本)	4 000			2 000			6 000	(5)2 000			4 000
资本公积	800		(4)80	1 600		100①	2 580	(5)1 700			880
其中:可供出售金融资产公允价值变动				100			100	100			0
盈余公积	1 000			100			1 100	(5)100			1 000
未分配利润	1 200	(3)480	(2)796	300	(1)5		1 811	(5)295 (11)1 000 (13)300 (17)3 500 (12)200 (16)1 (18)20 (19)796 (19)199 (19)0 6 311	(11)1 000 (13)270 (17)3 500 (14)10 (18)20 (7)25 (15)10 (19)100 (19)600 (19)295 5 830	(19)199	1 330
少数股东权益										(5)819	819
所有者权益合计	**7 000**	**480**	**876**	**4 000**	**5**	**100**	**11 491**	**10 111**	**5 830**	**819**	**8 029**

① 此金额由表10.1:M公司备查簿中记录的“公允价值与账面价值的差额”中100万元直接转入。

续表

项目	M公司			Z公司			合计金额	抵销分录		少数股东权益	合并金额
	报表金额	借方	贷方	报表金额	借方	贷方		借方	贷方		
负债和所有者权益总计	**15 600**	**480**	**876**	**5 960**	**5**	**100**	**22 051**	**11 311**	**5 830**	**819**	**17 389**
（现金流量表项目）											
经营活动产生的现金流量：											
销售商品、提供劳务收到的现金	7 675			5 990			13 665		(21)3 600 (22)300		9 765
收到其他与经营活动有关的现金											
经营活动现金流入小计	**7 675**			**5 990**			**13 665**		**3 900**		**9 765**
购买商品、接受劳务支付的现金	1 420			3 170			4 590	(21)3 600			990
支付给职工以及为职工支付现金	1 100			250			1 350				1 350
支付的各项税费	1 820			758			2 578				2 578
支付其他与经营活动有关的现金	45			22			67				67
经营活动现金流出小计	**4 385**			**4 200**			**8 585**	**3 600**			**4 985**
经营活动产生的现金流量净额	**3 290**			**1 790**			**5 080**	**3 600**	**3 900**		**4 780**
投资活动产生的现金流量：											
收回投资收到的现金											
取得投资收益收到的现金	500						500		(20)500		0
处置固定资产、无形资产和其他长期资产收回的现金净额	120						120		(23)120		0
处置子公司及其他营业单位收到的现金净额											
收到其他与投资活动有关的现金											
投资活动现金流入小计	**620**						**620**		**620**		**0**

续表

项目	M公司			Z公司			合计金额	抵销分录		少数股东权益	合并金额
	报表金额	借方	贷方	报表金额	借方	贷方		借方	贷方		
购建固定资产、无形资产和其他长期资产支付的现金	930			900			1 830	(22)300 (23)120			1 410
投资支付的现金											
取得子公司及其他营业单位支付的现金净额	3 000						3 000				3 000
支付其他与投资活动有关的现金											
投资活动现金流出小计	**3 930**			**900**			**4 830**	**420**			**4 410**
投资活动产生的现金流量净额	**−3 310**			**−900**			**−4 210**	**200**			**−4 410**
筹资活动产生的现金流量:											
吸收投资收到的现金											
取得借款收到的现金											
收到其他与筹资活动有关的现金											
筹资活动现金流入小计											
偿还债务支付的现金											
分配股利、利润或偿付利息支付的现金	1 980			690			2 670	(20)500			2 170
其中:子公司支付给少数股东的股利、利润											
支付其他与筹资活动有关的现金											
筹资活动现金流出小计	**1 980**			**690**			**2 670**	**500**			**2 170**
筹资活动产生的现金流量净额	**−1 980**			**−690**			**−2 670**	**500**			**−2 170**
现金及现金等价物净增加额	−2 000			200			−1 800				−1 800

续表

项目	M公司			Z公司			合计金额	抵销分录		少数股东权益	合并金额
	报表金额	借方	贷方	报表金额	借方	贷方		借方	贷方		
年初现金及现金等价物余额	3 000			300			3 300				3 300
年末现金及现金等价物余额	1 000			500			1 500				1 500

2)连续编制合并财务报表时内部应收账款坏账准备的抵销处理

从合并财务报表来讲,内部应收账款计提的坏账准备的抵销与抵销当期资产减值损失相对应。上期抵销的坏账准备的金额,即上期资产减值损失抵减的金额,最终将影响到本期合并所有者权益变动表中的期初未分配利润金额的增加。由于利润表和所有者权益变动表是反映企业一定会计期间经营成果及其分配情况的财务报表,其上期期末未分配利润就是本期所有者权益变动表期初未分配利润(假定不存在会计政策变更和前期差错更正的情况)。本期合并财务报表是以本期母公司和子公司当期的个别财务报表为基础编制的,随着上期编制合并财务报表时内部应收账款计提的坏账准备的抵销,以母公司和子公司个别财务报表的期初未分配利润为基础加总得出的期初未分配利润与上一会计期间合并所有者权益变动表的未分配利润金额之间将会产生差额。为此,编制合并财务报表时,必须将上期因内部应收账款计提的坏账准备的抵销而产生的资产减值损失对本期期初未分配利润的影响予以抵销,调整本期期初未分配利润的金额。

在连续编制合并财务报表进行抵销处理时,首先,将内部应收账款与应付账款予以抵销,即按内部应收账款的金额,借记"应付账款"项目,贷记"应收账款"项目;其次,应将上期资产减值损失中抵销的内部应收账款计提的坏账准备对本期期初未分配利润的影响予以抵销,即按上期资产减值损失项目中抵销的内部应收账款计提的坏账准备的金额,借记"应收账款——坏账准备"项目,贷记"未分配利润——年初"项目;最后,对于本期个别财务报表中内部应收账款相对应的坏账准备增减变动的金额也应予以抵销,即按照本期个别资产负债表中期末内部应收账款相对应的坏账准备的增加额,借记"应收账款——坏账准备"项目,贷记"资产减值损失"项目,或按照本期个别资产负债表中期末内部应收账款相对应的坏账准备的减少额,借记"资产减值损失"项目,贷记"应收账款——坏账准备"项目。

在第三期编制合并财务报表的情况下,必须将第二期内部应收账款期末余额相应的坏账准备予以抵销,以调整期初未分配利润的金额。然后,计算确定本期内部应收账款相对应的坏账准备增减变动的金额,并将其增减变动的金额予以抵销,其抵销分录与第二期编制的抵销分录相同。

试试看,你能行:

母公司期初和期末对子公司应收款项余额分别是250万元和200万元,母公司始终按应收款项余额5‰提取坏账准备,则母公司期末编制合并报表抵销内部应收款项计提的坏账准备的抵销分录是(　　)。

A. 借:应收账款——坏账准备　　10 000
　　贷:资产减值损失　　10 000

B. 借:未分配利润——年初　　12 500
　　贷:应收账款——坏账准备　　10 000
　　　　资产减值损失　　2 500

C. 借:应收账款——坏账准备　　12 500
　　贷:未分配利润——年初　　10 000
　　　　资产减值损失　　2 500

D. 借:应收账款——坏账准备　　12 500
　　贷:未分配利润——年初　　12 500
　借:资产减值损失　　2 500
　　贷:应收账款——坏账准备　　2 500

2. 其他债权与债务项目的抵销处理

对于其他内部债权与债务项目的抵销,应当比照应收账款与应付账款的相关规定处理。在进行抵销时,借记"应付票据"、"预收款项"等项目,贷记"应收票据"、"预付款项"等项目。

【例10.4】　M公司2009年个别资产负债表(表10.2)中预收账款100万元为Z公司预付账款;应收票据400万元为Z公司2009年向M公司购买商品3 500万元开具的票面金额为400万元的商业承兑汇票;Z公司应付债券200万元为M公司所持有。在编制合并资产负债表时,应编制如下抵销分录。

(1)抵销内部预收账款与内部预付账款的分录。

借:预收款项　　1 000 000
　贷:预付款项　　1 000 000

(2)抵销内部应收票据与内部应付票据的分录。

借:应付票据　　4 000 000
　贷:应收票据　　4 000 000

(3)抵销持有至到期投资中债券投资与应付债券的分录。

借:应付债券　　2 000 000
　贷:持有至到期投资　　2 000 000

其合并工作底稿参见表10.4。

应予说明的是,有时债券投资企业持有的企业集团内部成员企业的债券并不是从发行债券的企业直接购进，而是在证券市场上从第三方手中购进的。在这种情况下，持有至到期投资的债券投资与发行债券企业的应付债券抵销时，可能会出现差额，该差额应当计入合并利润表的投资收益或财务费用项目。

10.2.2.3 存货价值中包含的未实现内部销售损益的抵销处理

存货价值中包含的未实现内部销售损益是由于企业集团内部商品购销、劳务提供活动所引起的。在内部购销活动中，销售企业将集团内部销售作为收入确认并计算销售利润，而购买企业则是以支付购货的价款作为其成本入账。在本期内未实现对外销售而形成期末存货时，其存货价值中相应地包括两部分内容：一部分为真正的存货成本（即销售企业销售该商品的成本）；另一部分为销售企业的销售毛利（即其销售收入减去销售成本的差额）。对于期末存货价值中包括的这部分销售毛利，从企业集团整体来看，并不是真正实现的利润。因为从整个企业集团来看，集团内部企业之间的商品购销活动实际上相当于企业内部物资调拨活动，既不会实现利润，也不会增加商品的价值。正是从这一意义上来说，将期末存货价值中包括的销售企业作为利润确认的部分，称之为未实现内部销售损益。在编制合并资产负债表时，应当将存货价值中包含的未实现内部销售损益予以抵销。

1. 当期内部购进商品并形成存货情况下的抵销处理

在企业集团内部购进并且在会计期末形成存货的情况下，编制合并财务报表时，一方面将销售企业实现的内部销售收入及其相对应的销售成本予以抵销，另一方面将内部购进形成的存货价值中包含的未实现内部销售损益予以抵销。进行抵销处理时，按照内部销售收入的金额，借记“营业收入”项目，贷记“营业成本”项目；同时按照期末内部购进形成的存货价值中包含的未实现内部销售损益的金额，借记“营业成本”项目，贷记“存货”项目（或按照集团内部销售企业销售该商品的销售收入，借记“营业收入”项目；按照销售企业销售该商品的销售成本，贷记“营业成本”项目；按照当期期末存货价值中包含的未实现内部销售损益的金额，贷记“存货”项目）。

【例 10.5】 Z 公司 2009 年向 M 公司销售商品 1 000 万元，其销售成本为 800 万元，该商品的销售毛利率为 20%。M 公司购进的该商品 2009 年全部未实现对外销售而形成期末存货。

在编制 2009 年合并财务报表时，应进行如下抵销处理：

借：营业收入 10 000 000

　　贷：营业成本 10 000 000

借：营业成本 2 000 000

　　贷：存货 [（1 000 − 800）× 100%] 2 000 000

其合并工作底稿参见表 10.4。

试试看，你能行：

在上述【例 10.5】中，若 M 公司购进的该商品 2009 年向集团外部销售了 60%，其余形成期末存货，则 M 公司期末存货价值中包含的未实现内部销售损益的金额是多少？试试吧。

2. 连续编制合并财务报表时内部购进商品的抵销处理

在企业上期内部购进商品全部实现对外销售的情况下，由于不涉及到内部存货价值中包含的未实现内部销售损益的抵销处理，在本期连续编制合并财务报表时不涉及对其进行处理的问题。但在上期内部购进并形成期末存货的情况下，在编制合并财务报表进行抵销处理时，存货价值中包含的未实现内部销售损益的抵销，直接影响上期合并财务报表中合并净利润金额的减少，最终影响合并所有者权益变动表中期末未分配利润金额的减少。由于本期编制合并财务报表时是以母公司和子公司本期个别财务报表为基础，而母公司和子公司个别财务报表中未实现内部销售损益是作为其实现利润的部分包括在其期初未分配利润之中，以母公司和子公司个别财务报表中期初未分配利润为基础加总得出的期初未分配利润的金额就可能与上期合并财务报表中的期末未分配利润的金额不一致。因此，上期编制合并财务报表时抵销的内部购进存货中包含的未实现内部销售损益，也对本期的期初未分配利润产生影响，本期编制合并财务报表时必须在合并母公司和子公司期初未分配利润的基础上，将上期抵销的未实现内部销售损益对本期期初未分配利润的影响予以抵销，并调整本期期初未分配利润的金额。

在连续编制合并财务报表的情况下，内部购进商品的抵销程序和处理如下。

(1)将上期抵销的存货价值中包含的未实现内部销售损益对本期期初未分配利润的影响予以抵销。即按照上期内部购进存货价值中包含的未实现内部销售损益的金额，借记"未分配利润——年初"项目，贷记"营业成本"项目。

(2)对于本期发生内部购销活动的，将内部销售收入、内部销售成本及内部购进存货中包含的未实现内部销售损益予以抵销。即按照销售企业内部销售收入的金额，借记"营业收入"项目，贷记"营业成本"项目。

(3)将期末内部购进存货价值中包含的未实现内部销售损益予以抵销。对于期末内部购买形成的存货(包括上期结转形成的本期存货)，应按照购买企业期末内部购入存货价值中包含的未实现内部销售损益的金额，借记"营业成本"项目，贷记"存货"项目。

10.2.2.4 内部固定资产交易的抵销处理

内部固定资产交易，是指企业集团内部发生交易的一方与固定资产有关的购销业务。对于企业集团内部固定资产交易，根据销售企业销售的是产品还是固定资产，可以将其划分为两种类型：第一种类型是企业集团内部企业将自身生产的产品销售给企业集团内的其他企业作为固定资产使用；第二种类型是企业集团内部企业将自身的固定资产出售给企业集团内的其他企业作为固定资产使用。第一种类型的内部固定资产交易发生得比较多,也比较普遍,以下重点介绍这种类型的内部固定资产交易的抵销处理。

对于内部交易形成的固定资产,不仅在该内部固定资产交易发生的当期需要进行抵销处理,而且在以后使用该固定资产的期间也需要进行抵销处理。固定资产在使用过程中通过折旧的方式将其价值转移到产品价值中,由于固定资产按原价计提折旧,在固定资产原价中包含未实现内部销售损益的情况下,每期计提的折旧费中也必然包含着未实现内部销售损益的金额,由此需要对该内部交易形成的固定资产每期计提的折旧费进行相应的抵销处理。同样,如果购买企业对该项固定资产计提了减值准备,由于固定资产减值准备是以原价为基础进行计算确定的,在固定资产原价中包含未实现内部销售损益的情况下,对该项固定资产计提的减值准备中也必然包含着未实现内部销售损益的金额,由此也需要对该内部交易形成的固定资产计提的减值准备进行相应的抵销处理。

1. 内部交易形成的固定资产在购入当期的抵销处理

购买企业自集团内部购进的固定资产,在其个别资产负债表中以支付的价款作为该固定资产的原价列示,因此首先必须将该固定资产原价中包含的未实现内部销售损益予以抵销;其次,购买企业对该固定资产计提了折旧,折旧费计入相关资产的成本或当期损益。由于购买企业以该固定资产的取得成本作为原价计提折旧,取得成本中包含未实现内部销售损益,则各期计提的折旧费要大于(或小于,下同)不包含未实现内部销售损益时计提的折旧费,因此必须将当期多计提(或少计提,下同)的折旧额从该固定资产当期计提的折旧费中予以抵销。其抵销程序和处理如下。

(1)将与内部交易形成的固定资产相关的销售收入、销售成本以及原价中包含的未实现内部销售损益予以抵销。即按销售企业由于该固定资产交易所实现的销售收入,借记"营业收入"项目;按照其销售成本,贷记"营业成本"项目;按照该固定资产的销售收入与销售成本之间的差额(即购买企业固定资产原价中包含的未实现内部销售损益的金额),贷记"固定资产——原价"项目。

(2)将内部交易形成的固定资产当期多计提的折旧费和累计折旧予以抵销。从单个企业来说,对计提折旧进行会计处理时,一方面增加当期的费用或计入相关资产的成本,另一方面形成累计折旧。因此,对内部交易形成的固定资产当期多计提的折旧费抵销时,应按当期多计提的折旧额,借记"固定资产——累计折旧"项目,贷记"管理费用"等项目(为便于理解,本节有关内部交易形成的固定资产多计提的折旧费的抵销,均假定购买企业购买的固定资产供管理部门使用)。

【例 10.6】 Z 公司以 300 万元的价格将其生产的产品销售给 M 公司,其销售成本为 270 万元,因该内部固定资产交易实现的销售利润为 30 万元。M 公司购买该产品作为管理用固定资产使用,按 300 万元入账。假设 M 公司对该固定资产按 3 年的使用寿命采用年限平均法计提折旧,预计净残值为零。该固定资产交易时间为

2009 年 1 月 1 日，本章为简化抵销处理，假定 M 公司该内部交易形成的固定资产按 12 个月计提折旧。

本例有关的抵销处理如下。

(1)抵销与该固定资产相关的销售收入、销售成本以及原价中包含的未实现内部销售损益。

借：营业收入　　3 000 000
　贷：营业成本　　2 700 000
　　固定资产——原价　　300 000

(2)抵销当期多计提的折旧额。

M 公司当年计提的折旧额 =(300 - 0) ÷ 3 = 100(万元)，而按抵销其原价中包含的未实现内部销售损益后的原价计提的折旧额 =(270 - 0) ÷ 3 = 90(万元)，因此当期多计提的折旧额 = 100 - 90 = 10(万元)。

借：固定资产——累计折旧　　100 000
　贷：管理费用　　100 000

通过上述抵销分录，在合并工作底稿中固定资产累计折旧额减少 10 万元，管理费用减少 10 万元，在合并财务报表中该固定资产的累计折旧为 90 万元，该固定资产当期计提的折旧费为 90 万元。

其合并工作底稿参见表 10.4。

2. 连续编制合并财务报表时内部交易形成的固定资产的抵销处理

首先，取得固定资产以后会计期间，内部交易固定资产仍然以原价在购买企业的个别资产负债表中列示，因此必须将原价中包含的未实现内部销售损益的金额予以抵销；相应地销售企业以前会计期间，由于该内部交易实现销售利润，形成销售当期的净利润的一部分结转到以后会计期间，在其个别所有者权益变动表中列示，由此必须将期初未分配利润中包含的未实现内部销售损益予以抵销，并调整期初未分配利润的金额。

其次，对于该固定资产在以前会计期间计提折旧而形成的期初累计折旧，由于将以前会计期间以包含未实现内部销售损益的原价为依据而多计提折旧的抵销，一方面必须按照以前会计期间累计多计提的折旧额抵销期初累计折旧；另一方面由于以前会计期间累计折旧抵销而影响到期初未分配利润，因此还必须调整期初未分配利润的金额。

最后，该内部交易形成的固定资产在本期仍然计提了折旧，由于多计提折旧导致本期有关资产或费用项目增加并形成累计折旧，为此，一方面必须将本期因多计提折旧而计入相关资产的成本或当期损益的金额予以抵销；另一方面将本期因多计提折旧而形成的累计折旧额予以抵销。

连续编制合并财务报表时内部交易形成的固定资产的抵销，其具体抵销程序和处理如下。

(1)将内部交易固定资产原价中包含的未实现内部销售损益予以抵销,并调整期初未分配利润。即按照原价中包含的未实现内部销售损益的金额,借记"未分配利润——年初"项目,贷记"固定资产——原价"项目。

(2)将以前会计期间内部交易固定资产多计提的累计折旧予以抵销,并调整期初未分配利润。即按以前会计期间抵销该内部交易形成的固定资产多计提的累计折旧额,借记"固定资产——累计折旧"项目,贷记"未分配利润——年初"项目。

(3)将本期由于该内部交易固定资产的使用而多计提的折旧费用予以抵销,并调整本期计提的累计折旧额。即按本期该内部交易形成的固定资产多计提的折旧额,借记"固定资产——累计折旧"项目,贷记"管理费用"等项目。

3. 内部交易形成的固定资产在清理期间的抵销处理

对于销售企业来说,因该内部交易实现的利润作为期初未分配利润的一部分结转到以后的会计期间,直到购买企业对该内部交易形成的固定资产进行清理的会计期间为止。从购买企业来说,内部交易形成的固定资产进行清理的期间,在其个别财务报表中表现为固定资产价值的减少;该固定资产清理收入减去该固定资产账面价值以及有关清理费用后的余额,在其个别利润表中以营业外收入(或营业外支出)项目列示。

在这种情况下,购买企业内部交易形成的固定资产实体已不复存在,包含未实现内部销售损益在内的该内部交易形成的固定资产的价值已全部转移到用其加工的产品价值或各期损益中,因此不存在未实现内部销售损益的抵销问题。从整个企业集团来说,随着该内部交易形成的固定资产使用寿命届满,其包含的未实现内部销售损益也转化为已实现利润。但是,由于销售企业因该内部交易所实现的利润,作为期初未分配利润的一部分结转到购买企业对该内部交易形成的固定资产进行清理的会计期间,为此,必须调整期初未分配利润。其次,在固定资产进行清理的会计期间,如果仍计提了折旧,本期计提的折旧费中仍然包含多计提的折旧额,因此需要将多计提的折旧额予以抵销。

对于使用期未满,提前清理的内部交易固定资产,在编制合并财务报表时,其具体抵销程序和处理如下。

(1)抵销期初固定资产原价中包含的未实现内部销售损益,并调整期初未分配利润。即按照原价中包含的未实现内部销售损益的金额,借记"未分配利润——年初"项目,贷记"营业外收入"或"营业外支出"项目。

(2)抵销清理当期期初累计多计提的折旧。即按以前会计期间抵销该内部交易形成的固定资产多计提的累计折旧额,借记"营业外收入"或"营业外支出"项目,贷记"未分配利润——年初"项目。

(3)抵销清理当期多计提的折旧。即按本期该内部交易形成的固定资产多计提的折旧额,借记"营业外收入"或"营业外支出"项目,贷记"管理费用"等项目。

在第二种类型的内部固定资产交易的情况下,即企业集团内部企业将其自用的固定资产出售给集团内部的其他企业。对于销售企业来说，在其个别资产负债表中表现为固定资产的减少，同时在其个别利润表中表现为固定资产处置损益，当处置收入大于该固定资产账面价值时，表现为本期营业外收入；当处置收入小于固定资产账面价值时，则表现为本期营业外支出。对于购买企业来说，在其个别资产负债表中则表现为固定资产的增加，其固定资产原价中既包含该固定资产在原销售企业中的账面价值，也包含销售企业因该固定资产出售所实现的损益。但从整个企业集团来看，这一交易属于集团内部固定资产调拨性质，它既不能产生收益，也不会发生损失，固定资产既不能增值也不会减值。因此，必须将销售企业因该内部交易所实现的固定资产处置损益予以抵销，同时将购买企业固定资产原价中包含的未实现内部销售损益的金额予以抵销。通过抵销后，使其在合并财务报表中该固定资产原价仍然以销售企业的原账面价值反映。

【例 10.7】 假设 M 公司将其账面价值为 130 万元的某项固定资产以 120 万元的价格出售给 Z 公司作为管理用固定资产使用。M 公司因该内部固定资产交易发生处置损失 10 万元。假设 Z 公司以 120 万元作为该项固定资产的成本入账，Z 公司对该固定资产按 5 年的使用寿命采用年限平均法计提折旧，预计净残值为零。该固定资产交易时间为 2009 年 6 月 29 日，Z 公司该内部交易固定资产 2009 年按 6 个月计提折旧。

本例有关的抵销处理如下。

(1)抵销该固定资产的处置损失与固定资产原价中包含的未实现内部销售损益的分录。

借：固定资产——原价		100 000	
贷：营业外支出			100 000

在连续编制合并财务报表时，抵销分录如下：

借：固定资产——原价		100 000	
贷：盈余公积——年初	(100 000 × 10%)		10 000
未分配利润——年初			90 000

(2)抵销该固定资产当期少计提的折旧额。

Z 公司 2009 年计提的折旧额 = (120 − 0) ÷ 5 × 6 ÷ 12 = 12(万元)，而按抵销其原价中包含的未实现内部销售损益后的原价计提的折旧额 = 130 ÷ 5 × 6 ÷ 12 = 13(万元)，当期少计提的折旧额 = 13 − 12 = 1(万元)。

借：管理费用	10 000	
贷：固定资产——累计折旧		10 000

通过上述抵销分录，在合并工作底稿中固定资产累计折旧额增加 1 万元，管理费用增加 1 万元，在合并财务报表中该固定资产的累计折旧为 13 万元，该固定资产当期计提的折旧费为 13 万元。

其合并工作底稿参见表 10.4。

在连续编制合并财务报表时,抵销分录如下:

借:未分配利润——年初　　9 000

　　盈余公积——年初　　(10 000 × 10%)　1 000

　　贷:固定资产——累计折旧　　10 000

对于企业集团内部发生的无形资产交易,其抵销处理方法与固定资产原价中包含的未实现内部销售损益的抵销基本相同,可比照进行抵销处理。

10.2.3 合并资产负债表的编制

合并资产负债表的格式与个别资产负债表基本相同,主要增加了四个项目:一是在"开发支出"项目下增加了"商誉"项目,用于反映非同一控制下企业合并中取得的商誉,即在控股合并下母公司对子公司的长期股权投资(合并成本)大于其在购买日子公司可辨认净资产公允价值份额的差额;二是在所有者权益项目下增加了"归属于母公司所有者权益合计"项目,用于反映企业集团的所有者权益中归属于母公司所有者权益的部分,包括实收资本(或股本)、资本公积、库存股、盈余公积、未分配利润和外币报表折算差额等项目的金额;三是在所有者权益项目下增加了"少数股东权益"项目,用于反映非全资子公司的所有者权益中不属于母公司的份额;四是在"未分配利润"项目之后,"归属于母公司所有者权益合计"项目之前,增加了"外币报表折算差额"项目,用于反映境外经营的资产负债表折算为人民币表示的资产负债表时所发生的折算差额中归属于母公司所有者权益的部分。

【例 10.8】 沿用例 10.1、例 10.2、例 10.3、例 10.4、例 10.5、例 10.6 和例 10.7,M 公司和 Z 公司 2009 年 12 月 31 日的个别资产负债表分别参见表 10.2 和表 10.3。

根据上述资料,M 公司首先应当设计合并工作底稿(见表 10.4),将 M 公司、Z 公司个别资产负债表的数据过入合并工作底稿,并计算资产负债表各项目的合计金额。其次,编制调整分录,按照 M 公司备查簿中所记录的 Z 公司各项可辨认资产、负债及或有负债在购买日的公允价值的资料(见表 10.1)调整 Z 公司的财务报表,将 Z 公司的财务报表调整成以购买日可辨认资产、负债及或有负债的公允价值为基础编制的财务报表,再按照权益法调整 M 公司对 Z 公司的长期股权投资。再次,编制抵销分录,将 M 公司与 Z 公司之间的内部交易对合并资产负债表的影响予以抵销,并计算出各项目的合并金额。最后,根据合并工作底稿中的合并金额,可编制完成该企业集团 2009 年 12 月 31 日的合并资产负债表,参见表 10.5。

表 10.5　合并资产负债表

会合 01 表

编制单位：M 公司　　　　2009 年 12 月 31 日　　　　单位：万元

资　产	期末余额	年初余额	负债和所有者权益（或股东权益）	期末余额	年初余额
流动资产：			流动负债：		
货币资金	1 500		短期借款		
结算备付金			向中央银行借款		
拆出资金			吸收存款及同业存放		
交易性金融资产			拆入资金		
应收票据	1 300		交易性金融负债		
应收账款	2 085		应付票据	1 000	
预付款项	1 070		应付账款	3 000	
应收保费			预收款项	100	
应收分保账款			卖出回购金融资产款		
应收分保合同准备金			应付手续费及佣金		
应收利息			应付职工薪酬	1 100	
其他应收款			应交税费	800	
买入返售金融资产			应付利息		
存货	1 900		其他应付款		
一年内到期非流动资产			应付分保账款		
			保险合同准备金		
流动资产合计	7 855		代理买卖证券款		
非流动资产：			代理承销证券款		
发放贷款及垫款			一年内到期的非流动负债		
可供出售金融资产	800		其他流动负债		
持有至到期投资	0		流动负债合计	6 060	
长期应收款			非流动负债：		
长期股权投资	1 700		长期借款	2 700	
投资性房地产			应付债券	600	
固定资产	6 284		长期应付款		
在建工程			专项应付款		
工程物资			预计负债		
固定资产清理			递延所得税负债		
生产性生物资产			其他非流动负债		
油气资产			非流动负债合计	3 300	

续表

资 产	期末余额	年初余额	负债和所有者权益（或股东权益）	期末余额	年初余额
无形资产	630		负债合计	9 360	
开发支出			所有者权益(或股东权益)：		
商誉	120		实收资本(或股本)	4 000	
长期待摊费用			资本公积	880	
递延所得税资产			减:库存股		
其他非流动资产			盈余公积	1 000	
非流动资产合计	9 534		一般风险准备		
			未分配利润	1 330	
			外币报表折算差额		
			归属于母公司所有者权益合计	7 210	
			少数股东权益	819	
			所有者权益合计	8 029	
资产总计	17 389		负债和所有者权益总计	17 389	

10.3 合并利润表

合并利润表应当以母公司和子公司的利润表为基础，在抵销母公司与子公司、子公司相互之间发生的内部交易对合并利润表的影响后，由母公司合并编制。

利润表作为以单个企业为会计主体进行会计核算的结果，分别从母公司本身和子公司本身反映其在一定会计期间的经营成果。在以母公司和子公司个别利润表为基础计算的收入和费用等项目的合计金额中，也必然包含有重复计算的因素，因此，编制合并利润表时，需要将这些重复的因素予以剔除。

10.3.1 编制合并利润表时应进行抵销处理的项目

10.3.1.1 内部营业收入和内部营业成本的抵销处理

内部营业收入，是指企业集团内部母公司与子公司、子公司相互之间发生的商品销售(或劳务提供，下同)活动所产生的营业收入。内部营业成本，是指企业集团内部母公司与子公司、子公司相互之间发生的商品销售的营业成本。对内部销售收入和内部销售成本进行抵销时，应分不同的情况进行处理。

1. 母公司与子公司、子公司相互之间销售商品，期末全部实现对外销售

在这种情况下，从销售企业来说，销售给企业集团内其他企业的商品与销售给企业集团外部企业的商品的会计处理相同，即在本期确认销售收入、结转销售成本、计

算销售商品损益,并在其个别利润表中反映;对于购买企业来说,一方面要确认向企业集团外部企业的销售收入,另一方面要结转销售内部购进商品的成本,在其个别利润表中分别作为营业收入和营业成本反映,并确认销售损益。这也就是说,对于同一购销业务,在销售企业和购买企业的个别利润表中都作了反映。但从整个企业集团来看,这一购销业务只是实现了一次对外销售,其销售收入只是购买企业向企业集团外部企业销售该产品的销售收入,其销售成本只是销售企业向购买企业销售该商品的成本。销售企业向购买企业销售该商品实现的收入属于内部销售收入,相应地,购买企业向企业集团外部企业销售该商品的销售成本则属于内部销售成本。因此在编制合并利润表时,就必须将重复反映的内部营业收入与内部营业成本予以抵销。需要编制的抵销分录为:借记“营业收入”等项目,贷记“营业成本”等项目。

【例10.9】 假设M公司2009年利润表的营业收入中有3 500万元是向Z公司销售产品取得的销售收入,该产品的销售成本为3 000万元。Z公司在本期将该产品全部售出,其销售收入为5 000万元,销售成本为3 500万元,并分别在其利润表中列示。

本例中,M公司应编制如下抵销分录:

借:营业收入　　　　35 000 000

　　贷:营业成本　　　　35 000 000

其合并工作底稿参见表10.4。

2. 母公司与子公司、子公司相互之间销售商品,期末未实现对外销售而形成存货

在内部购进的商品未实现对外销售的情况下,其抵销处理参见本章第二节有关“存货价值中包含的未实现内部销售损益的抵销处理”的内容。

3. 母公司与子公司、子公司相互之间销售商品,期末部分实现对外销售、部分形成存货

在这种情况下,可以将内部购买的商品分为两部分来理解:一部分为当期购进并全部实现对外销售;另一部分为当期购进但未实现对外销售而形成期末存货。例10.9介绍的就是前一部分的抵销处理,例10.5介绍的则是后一部分的抵销处理。

将例10.9和例10.5的抵销处理合在一起,就是第三种情况下的抵销处理。其抵销处理如下:

借:营业收入　　　　(35 000 000 + 10 000 000)　45 000 000

　　贷:营业成本　　　　45 000 000

借:营业成本　　　　(0 + 2 000 000)　2 000 000

　　贷:存货　　　　2 000 000

对于内部营业收入的抵销,也可按照以下方法进行抵销处理:按照内部营业收入的金额,借记“营业收入”项目;按照期末存货价值中包含的未实现内部销售损益的金额,贷记“存货”项目;按其差额,贷记“营业成本”项目。

10.3.1.2 购买企业内部购进商品作为固定资产、无形资产等资产使用时的抵销处理

企业集团内母公司与子公司、子公司相互之间将自身的产品销售给其他企业作为固定资产(作为无形资产等的处理原则类似)使用的抵销处理,参见本章第二节有关“内部交易形成的固定资产在购入当期的抵销处理”的内容。

10.3.1.3 内部应收款项计提的坏账准备等减值准备的抵销处理

编制合并资产负债表时,需要将内部应收账款与应付账款相互抵销,与此相适应需要将内部应收账款计提的坏账准备予以抵销。相关抵销处理,参见本章第二节有关“应收账款与应付账款的抵销处理”的内容。

10.3.1.4 内部投资收益(利息收入)和利息费用的抵销处理

企业集团内部母公司与子公司、子公司相互之间可能发生相互持有对方债券的内部交易。在持有母公司或子公司发行的企业债券(或公司债券,下同)的情况下,发行债券的企业支付的利息费用作为财务费用处理,并在其个别利润表“财务费用”项目中列示;而持有债券的企业,将购买的债券在其个别资产负债表“持有至到期投资”(本章为简化合并处理,假定购买债券的企业将该债券投资归类为持有至到期投资)项目中列示,当期获得的利息收入则作为投资收益处理,并在其个别利润表“投资收益”项目中列示。编制合并财务报表时,应当在抵销内部发行的应付债券和持有至到期投资等内部债权债务的同时,将内部应付债券和持有至到期投资相关的利息费用与投资收益(利息收入)相互抵销。应编制的抵销分录为:借记“投资收益”项目,贷记“财务费用”项目。

【例 10.10】 沿用例 10.4,假设 Z 公司 2009 年确认的应向 M 公司支付的债券利息费用总额为 20 万元(假定该债券的票面利率与实际利率相差较小)。

在编制合并利润表时,M 公司应编制如下抵销分录:

借:投资收益　　200 000

　贷:财务费用　　200 000

其合并工作底稿参见表 10.4。

10.3.1.5 母公司与子公司、子公司相互之间持有对方长期股权投资的投资收益的抵销处理

内部投资收益是指母公司对子公司或子公司对母公司、子公司相互之间的长期股权投资的收益,即母公司对子公司的长期股权投资在合并工作底稿中按权益法调整的投资收益,实际上就是子公司当期营业收入减去营业成本和期间费用、所得税费用等后的余额与其持股比例相乘的结果。

在子公司为全资子公司的情况下,母公司对某一子公司在合并工作底稿中按权益法调整的投资收益,实际上就是该子公司当期实现的净利润(或经调整的净利润)。编制合并利润表时,实际上是将子公司的营业收入、营业成本和期间费用视为母公司本身的营业收入、营业成本和期间费用,并与母公司相应的项目进行合并,将

子公司的净利润还原为营业收入、营业成本和期间费用，也就是将投资收益还原为合并利润表中的营业收入、营业成本和期间费用处理。因此，编制合并利润表时，必须将对子公司长期股权投资收益予以抵销。

由于合并所有者权益变动表中的本年利润分配项目是站在整个企业集团角度，反映母公司股东和子公司的少数股东的利润分配情况，因此，子公司的个别所有者权益变动表中本年利润分配各项目的金额，包括提取盈余公积、对所有者（或股东）的分配和期末未分配利润的金额都必须予以抵销。在子公司为全资子公司的情况下，子公司本期净利润就是母公司本期对子公司长期股权投资按权益法调整的投资收益。假定子公司期初未分配利润为零，子公司本期净利润就是子公司本期可供分配的利润，是本期子公司利润分配的来源，而子公司本期利润分配（包括提取盈余公积、对所有者（或股东）的分配等）的金额与期末未分配利润的金额则是本期利润分配的结果。母公司对子公司的长期股权投资按权益法调整的投资收益正好与子公司的本年利润分配项目相抵销。在子公司为非全资子公司的情况下，母公司本期对子公司长期股权投资按权益法调整的投资收益与本期少数股东损益之和就是子公司本期净利润，同样假定子公司期初未分配利润为零，母公司本期对子公司长期股权投资按权益法调整的投资收益与本期少数股东损益之和，正好与子公司本期利润分配项目相抵销。

至于子公司个别所有者权益变动表中本年利润分配项目的“未分配利润——年初”项目，作为子公司以前会计期间净利润的一部分，在全资子公司的情况下已全额包括在母公司以前会计期间按权益法调整的投资收益之中，从而包括在母公司按权益法调整的本期期初未分配利润之中。为此，也应将其予以抵销。从子公司个别所有者权益变动表来看，其期初未分配利润加上本期净利润就是其本期利润分配的来源；而本期利润分配和期末未分配利润是利润分配的结果。母公司本期对子公司长期股权投资按权益法调整的投资收益和子公司期初未分配利润正好与子公司本年利润分配项目相抵销。在子公司为非全资子公司的情况下，母公司本期对子公司长期股权投资按权益法调整的投资收益、本期少数股东损益和期初未分配利润与子公司本年利润分配项目也正好相抵销。

将上述项目抵销时，在子公司为全资子公司的情况下，应当编制的抵销分录为：借记“投资收益”、“未分配利润——年初”项目，贷记“提取盈余公积”、“对所有者（或股东）的分配”、“未分配利润——年末”项目；在子公司为非全资子公司的情况下，应编制的抵销分录为：借记“投资收益”、“少数股东损益”、“未分配利润——年初”项目，贷记“提取盈余公积”、“对所有者（或股东）的分配”、“未分配利润——年末”项目。

【例 10.11】 沿用例 10.1，假设 M 公司和 Z 公司 2009 年度所有者权益变动表如表 10.6 所示。Z 公司为非全资子公司，M 公司拥有其 80% 的股份。

表 10.6 所有者权益变动表(简表)

会企 04 表

2009 年度 单位:万元

项目	M 公司					Z 公司				
	实收资本(或股本)	资本公积	盈余公积	未分配利润	所有者权益合计	实收资本(或股本)	资本公积	盈余公积	未分配利润	所有者权益合计
一、上年年末余额	4 000	800	732	468	6 000	2 000	1 500	0	0	3 500
加:会计政策变更										
前期差错更正										
二、本年年初余额	4 000	800	732	468	6 000	2 000	1 500	0	0	3 500
三、本年增减变动金额(减少以"-"号填列)										
(一)净利润				2 680	2 680				1 000	1 000
(二)直接计入所有者权益的利得和损失										
(三)可供出售金融资产公允价值变动净额							100			100
(四)利润分配			268	-1 948	-1 680			100	-700	-600
1. 提取盈余公积			268	-268	0			100	-100	0
2. 对所有者(或股东)的分配				-1 680	-1 680				-600	-600
四、本年年末余额	4 000	800	1 000	1 200	7 000	2 000	1 600	100	300	4 000

在合并工作底稿中,M 公司按权益法调整的 Z 公司本期投资收益为 316(316 = 995 × 80% - 480)万元,Z 公司本期少数股东损益为 79(79 = 995 × 20% - 120)万元,Z 公司年初未分配利润为 0 元,Z 公司本期提取盈余公积 100 万元、分派现金股利 600(600 = 480 + 120)万元、未分配利润 295(295 = 300 - 5)万元。进行抵销处理时,

应编制如下抵销分录：

借：投资收益　　　　　　　　(9 950 000×80%)　7 960 000
　　少数股东损益　　　　　　(9 950 000×20%)　1 990 000
　　未分配利润——年初　　　　　　　　　　　　　　0
　贷：提取盈余公积　　　　　　　　　　　　　　　1 000 000
　　　对所有者(或股东)的分配　　　　　　　　　　6 000 000
　　　未分配利润——年末　　　　　　　　　　　　2 950 000

其合并工作底稿参见表10.4。

10.3.2　合并利润表的编制

合并利润表的格式在个别利润表的基础上，主要增加了两个项目，即在"净利润"项目下增加"归属于母公司所有者的净利润"和"少数股东损益"两个项目，分别反映净利润中由母公司所有者所享有的份额和非全资子公司当期实现的净利润中属于少数股东权益的份额。在属于同一控制下企业合并增加的子公司当期的合并利润表中还应在"净利润"项目下增加"其中：被合并方在合并前实现的净利润"项目，用于反映同一控制下企业合并中取得的被合并方在合并日以前实现的净利润。

【例10.12】　沿用例10.1、例10.3、例10.5、例10.6、例10.7、例10.9、例10.10和例10.11，M公司与Z公司2009年度个别利润表的资料参见表10.7。

表10.7　利润表(简表)

会企02表

2009年度　　　　单位：万元

项　目	M公司	Z公司
一、营业收入	8 700	6 300
减：营业成本	4 450	4 570
营业税金及附加	300	125
销售费用	15	10
管理费用	100	12
财务费用	300	90
资产减值损失	25	
加：公允价值变动收益(损失以"-"号填列)		
投资收益(损失以"-"号填列)	500	
二、营业利润(亏损以"-"号填列)	4 010	1 493
加：营业外收入		
减：营业外支出	10	

续表

项　目	M公司	Z公司
三、利润总额(亏损总额以"－"号填列)	4 000	1 493
减:所得税费用	1 320	493
四、净利润(净亏损以"－"号填列)	2 680	1 000

根据上述资料,M公司首先应当设计合并工作底稿(见表10.4),将M公司、Z公司个别利润表的数据过入合并工作底稿,并计算出利润表各项目的合计金额。其次,编制调整分录,按照M公司备查簿中所记录的Z公司可辨认资产、负债及或有负债在购买日的公允价值的资料(见表10.1)调整Z公司的财务报表,将Z公司的财务报表调整成以购买日可辨认资产、负债及或有负债的公允价值为基础编制的财务报表,并按照权益法调整M公司对Z公司的长期股权投资。再次,编制抵销分录,将M公司与Z公司之间的内部交易对合并利润表的影响予以抵销,并计算出各项目的合并金额。最后,根据合并工作底稿中的合并金额,可编制完成该企业集团2009年度合并利润表,参见表10.8。

表10.8　合并利润表

会合02表

编制单位:M公司　　　　2009年度　　　　单位:万元

项　目	本年金额	上年金额
一、营业总收入	10 200	
其中:营业收入	10 200	
利息收入		
保费净收入		
手续费及佣金收入		
二、营业总成本	5 378	
其中:营业成本	4 450	
利息支出		
手续费及佣金支出		
退保金		
赔付支出净额		
提取保险责任准备金净额		
保单红利支出		
分保费用		
营业税金及附加	425	

续表

项　目	本年金额	上年金额
销售费用	25	
管理费用	108	
财务费用	370	
资产减值损失	0	
加:公允价值变动收益(损失以"-"号填列)		
投资收益(损失以"-"号填列)	0	
其中:对联营企业和合营企业的投资收益		
汇兑收益(损失以"-"号填列)		
三、营业利润(亏损以"-"号填列)	4 822	
加:营业外收入		
减:营业外支出	0	
其中:非流动资产处置损失		
四、利润总额(亏损总额以"-"号填列)	4 822	
减:所得税费用	1 813	
五、净利润(净亏损以"-"号填列)	3 009	
归属于母公司所有者的净利润	2 810	
少数股东损益	199	
六、每股收益		
(一)基本每股收益		
(二)稀释每股收益		

10.4 合并现金流量表

合并现金流量表是综合反映母公司及其所有子公司组成的企业集团在一定会计期间现金和现金等价物①流入和流出的报表。

现金流量表要求按照收付实现制反映企业经济业务所引起的现金流入和流出,其有关经营活动产生的现金流量的编制方法有直接法和间接法两种。《企业会计准则第31号——现金流量表》明确规定,企业应当采用直接法列示经营活动产生的现金流量。在采用直接法的情况下,以合并利润表有关项目的数据为基础,调整得出本期的现金流入和现金流出;分经营活动产生的现金流量、投资活动产生的现金流量、

① 在本节提及现金时,除非同时提及现金等价物,否则均包括现金和现金等价物。

筹资活动产生的现金流量三大类,反映企业集团在一定会计期间的现金流量情况。

合并现金流量表的编制原理、编制方法和编制程序与合并资产负债表、合并利润表的编制原理、编制方法和编制程序相同。首先,编制合并工作底稿,将母公司和所有子公司的个别现金流量表各项目的数据全部过入同一合并工作底稿;其次,根据当期母公司与子公司以及子公司相互之间发生的影响其现金流量增减变动的内部交易,编制相应的抵销分录,通过抵销分录将个别现金流量表中重复反映的现金流入量和现金流出量予以抵销;最后,在此基础上计算出合并现金流量表各项目的合并金额,并填制合并现金流量表。

合并现金流量表补充资料,既可以以母公司和所有子公司的个别现金流量表为基础,在抵销母公司与子公司、子公司相互之间发生的内部交易对合并现金流量表的影响后进行编制,也可以直接根据合并资产负债表和合并利润表进行编制。

10.4.1 编制合并现金流量表时应进行抵销处理的项目

现金流量表作为以单个企业为会计主体进行会计核算的结果,分别从母公司本身和子公司本身反映其在一定会计期间现金流入和现金流出。在以其个别现金流量表为基础计算的现金流入和现金流出项目的合计金额中,必然包含有重复计算的因素。因此,编制合并现金流量表时,需要将这些重复的因素予以剔除。

10.4.1.1 企业集团内部当期以现金投资或收购股权增加的投资所产生的现金流量的抵销处理

母公司直接以现金对子公司进行的长期股权投资或以现金从子公司的其他所有者(即企业集团内的其他子公司)处收购股权,表现为母公司现金流出,在母公司个别现金流量表作为投资活动现金流出列示;子公司接受这一投资(或处置投资)时,表现为现金流入,在其个别现金流量表中反映为筹资活动的现金流入(或投资活动的现金流入)。从企业集团整体来看,母公司以现金对子公司进行的长期股权投资实际上相当于母公司将资本拨付下属核算单位,并不引起整个企业集团的现金流量的增减变动。因此,编制合并现金流量表时,应当在母公司与子公司现金流量表数据简单相加的基础上,将母公司当期以现金对子公司长期股权投资所产生的现金流量予以抵销。需要编制的抵销分录为:借记“投资支付的现金”项目,贷记“吸收投资收到的现金”项目。

10.4.1.2 企业集团内部当期取得投资收益收到的现金与分配股利、利润或偿付利息支付的现金的抵销处理

母公司对子公司进行长期股权投资和债权投资,在持有期间收到子公司分派的现金股利(利润)或债券利息,表现为现金流入,在母公司个别现金流量表中作为取得投资收益收到的现金列示;子公司向母公司分派现金股利(利润)或支付债券利息,表现为现金流出,在其个别现金流量表中反映为分配股利、利润或偿付利息支付的现金。从整个企业集团来看,这种投资收益的现金收支,并不引起整个企业集团的

现金流量的增减变动。因此,编制合并现金流量表时,应当在母公司与子公司现金流量表数据简单相加的基础上,将母公司当期取得投资收益收到的现金与子公司分配股利、利润或偿付利息支付的现金予以抵销。

【例10.13】 沿用例10.1和例10.10,M公司应编制如下抵销分录:

借[①]:分配股利、利润或偿付利息支付的现金

(4 800 000 +200 000) 5 000 000

贷:取得投资收益收到的现金 5 000 000

其合并工作底稿参见表10.4。

10.4.1.3 企业集团内部以现金结算债权与债务所产生的现金流量的抵销处理

母公司与子公司、子公司相互之间当期以现金结算应收账款或应付账款等债权与债务,表现为现金流入或现金流出,在母公司个别现金流量表中作为收到其他与经营活动有关的现金或支付其他与经营活动有关的现金列示;在子公司个别现金流量表中作为支付其他与经营活动有关的现金或收到其他与经营活动有关的现金列示。从整个企业集团来看,这种现金结算债权与债务,并不引起整个企业集团的现金流量的增减变动。因此,编制合并现金流量表时,应当在母公司与子公司现金流量表数据简单相加的基础上,将母公司与子公司、子公司相互之间当期以现金结算债权与债务所产生的现金流量予以抵销。需要编制的抵销分录为:借记"支付其他与经营活动有关的现金"项目,贷记"收到其他与经营活动有关的现金"项目。

10.4.1.4 企业集团内部当期销售商品所产生的现金流量的抵销处理

母公司向子公司当期销售商品(或子公司向母公司销售商品或子公司相互之间销售商品,下同)所收到的现金,表现为现金流入,在母公司个别现金流量表中作为销售商品、提供劳务收到的现金列示;子公司向母公司支付购货款,表现为现金流出,在其个别现金流量表中反映为购买商品、接受劳务支付的现金。从整个企业集团来看,这种内部商品购销现金收支,并不引起整个企业集团的现金流量的增减变动。因此,编制合并现金流量表时,应当在母公司与子公司现金流量表数据简单相加的基础上,将母公司与子公司、子公司相互之间当期销售商品所产生的现金流量予以抵销。

【例10.14】 沿用例10.4、例10.5和例10.9,假设M公司2009年向Z公司销售商品的价款3 500万元中实际收到Z公司支付的银行存款2 600万元,同时Z公司还向M公司开具了票面金额为400万元的商业承兑汇票。Z公司2009年向M公司销售商品1 000万元的价款全部收到。M公司应编制如下抵销分录:

借:购买商品、接受劳务支付的现金

(26 000 000 +10 000 000) 36 000 000

贷:销售商品、提供劳务收到的现金 36 000 000

---

① 在本节,合并现金流量表的抵销分录中,"借记"表示现金流出的减少,"贷记"表示现金流入的减少。

其合并工作底稿参见10.4。

【例10.15】 沿用例10.6,假设Z公司2009年1月1日向M销售商品300万元的价款全部收到。M公司应编制如下抵销分录:

借:购建固定资产、无形资产和其他长期资产支付的现金 3 000 000

　贷:销售商品、提供劳务收到的现金 3 000 000

其合并工作底稿参见表10.4。

10.4.1.5 企业集团内部处置固定资产等收回的现金净额与购建固定资产等支付的现金的抵销处理

母公司向子公司处置固定资产等非流动资产,表现为现金流入,在母公司个别现金流量表中作为处置固定资产、无形资产和其他长期资产收回的现金净额列示;子公司表现为现金流出,在其个别现金流量表中反映为购建固定资产、无形资产和其他长期资产支付的现金。从整个企业集团来看,这种固定资产处置与购置的现金收支,并不引起整个企业集团的现金流量的增减变动。因此,编制合并现金流量表时,应当在母公司与子公司现金流量表数据简单相加的基础上,将母公司与子公司、子公司相互之间处置固定资产、无形资产和其他长期资产收回的现金净额与购建固定资产、无形资产和其他长期资产支付的现金予以抵销。

【例10.16】 沿用例10.7,假设M公司向Z公司出售固定资产的价款120万元全部收到。M公司应编制如下抵销分录:

借:购建固定资产、无形资产和其他长期资产支付的现金 1 200 000

　贷:处置固定资产、无形资产和其他长期资产收回的现金 1 200 000

其合并工作底稿参见表10.4。

试试看,你能行:

母公司及其子公司2009年度涉及的有关经济业务为:①母公司以银行存款50万元增加对子公司的投资;②子公司本年度分配2008年度的现金股利100万元,其中母公司取得60万元,该股利已全部支付;③子公司以20万元偿还所欠母公司2008年商品款;④本年度子公司向母公司销售产品共计46.8万元,母公司全部以银行存款结清;⑤母公司将其不需用的一辆汽车销售给子公司,该汽车售价5万元。

如果你是母公司的会计人员,需要你编制合并财务报表,你能根据上述资料作出相关的抵销分录吗?试试吧。

10.4.2 合并现金流量表中有关少数股东权益项目的反映

合并现金流量表的编制与个别现金流量表相比,一个特殊的问题就是在子公司为非全资子公司的情况下,涉及子公司与其少数股东之间的现金流入和现金流出的处理问题。

对于子公司与少数股东之间发生的现金流入和现金流出,从整个企业集团来看,影响到其整体的现金流入和现金流出数量的增减变动,必须在合并现金流量表中予以反映。子公司与少数股东之间发生的影响现金流入和现金流出的经济业务包括:少数股东对子公司增加权益性投资、子公司向其少数股东支付现金股利或利润等。为便于企业集团合并财务报表使用者了解掌握企业集团现金流量的情况,有必要将子公司与少数股东之间的现金流入和现金流出的情况单独予以反映。

对于子公司的少数股东增加在子公司中的权益性投资,在合并现金流量表中应当在"筹资活动产生的现金流量"之下的"吸收投资收到的现金"项目下"其中:子公司吸收少数股东投资收到的现金"项目反映。

对于子公司向少数股东支付现金股利或利润,在合并现金流量表中应当在"筹资活动产生的现金流量"之下的"分配股利、利润或偿付利息支付的现金"项目下"其中:子公司支付给少数股东的股利、利润"项目反映。

对于子公司的少数股东依法抽回在子公司中的权益性投资,在合并现金流量表中应当在"筹资活动产生的现金流量"之下的"支付其他与筹资活动有关的现金"项目反映。

10.4.3 合并现金流量表的编制

合并现金流量表的格式与个别现金流量表基本相同,主要增加了反映金融企业行业特点和经营活动现金流量项目。

【例 10.17】 沿用例 10.13、例 10.14、例 10.15 和例 10.16,M 公司与 Z 公司 2009 年度个别现金流量表的资料参见表 10.9。

表 10.9 现金流量表(简表)

会企 03 表

2009 年度　　单位:万元

项　目	M 公司	Z 公司
一、经营活动产生的现金流量:		
销售商品、提供劳务收到的现金	7 675	5 990
收到的税费返还		
收到其他与经营活动有关的现金		
经营活动现金流入小计	7 675	5 990
购买商品、接受劳务支付的现金	1 420	3 170

续表

项 目	M公司	Z公司
支付给职工以及为职工支付现金	1 100	250
支付的各项税费	1 820	758
支付其他与经营活动有关的现金	45	22
经营活动现金流出小计	4 385	4 200
经营活动产生的现金流量净额	3 290	1 790
二、投资活动产生的现金流量：		
收回投资收到的现金		
取得投资收益收到的现金	500	
处置固定资产、无形资产和其他长期资产收回的现金净额	120	
处置子公司及其他营业单位收到的现金净额		
收到其他与投资活动有关的现金		
投资活动现金流入小计	620	
购建固定资产、无形资产和其他长期资产支付的现金	930	900
投资支付的现金		
取得子公司及其他营业单位支付的现金净额	3 000	
支付其他与投资活动有关的现金		
投资活动现金流出小计	3 930	900
投资活动产生的现金流量净额	900	3 310
三、筹资活动产生的现金流量：		
吸收投资收到的现金		
取得借款收到的现金		
收到其他与筹资活动有关的现金		
筹资活动现金流入小计		
偿还债务支付的现金		
分配股利、利润或偿付利息支付的现金	1 980	690
支付其他与筹资活动有关的现金		
筹资活动现金流出小计	1 980	690
筹资活动产生的现金流量净额	－1 980	－690
四、汇率变动对现金的影响额		
五、现金及现金等价物净增加额	－2 000	200
加：年初现金及现金等价物余额	3 000	300
六、年末现金及现金等价物余额	1 000	500

根据上述资料,M 公司首先应当设计合并工作底稿(见表 10.4),将 M 公司、Z 公司个别现金流量表的数据过入合并工作底稿,并计算出现金流量表各项目的合计金额。其次,编制抵销分录,将 M 公司与 Z 公司之间的内部交易对合并现金流量表的影响予以抵销,并计算出各项目的合并金额。最后,根据合并工作底稿中的合并金额,可编制完成该企业集团 2009 年度合并现金流量表,参见表 10.10。

表 10.10 合并现金流量表

会合 03 表

编制单位:M 公司　　2009 年度　　单位:万元

项　目	本年金额	上年金额
一、经营活动产生的现金流量:		
销售商品、提供劳务收到的现金	9 765	
客户存款和同业存放款项净增加额		
向中央银行借款净增加额		
向其他金融机构拆入资金净增加额		
收到原保险合同保费取得的现金		
收到再保险业务现金净额		
保户储金及投资款净增加额		
处置交易性金融资产净增加额		
收取利息、手续费及佣金净增加额		
拆入资金净增加额		
回购业务资金净增加额		
收到的税费返还		
收到其他与经营活动有关的现金		
经营活动现金流入小计	9 765	
购买商品、接受劳务支付的现金	990	
客户贷款及垫款净增加额		
存放中央银行和同业款项净增加额		
支付原保险合同赔付款项的现金		
支付利息、手续费及佣金的现金		
支付保单红利的现金		
支付给职工以及为职工支付的现金	1 350	
支付的各项税费	2 578	
支付其他与经营活动有关的现金	67	
经营活动现金流出小计	4 985	

续表

项　目	本年金额	上年金额
经营活动产生的现金流量净额	4 780	
二、投资活动产生的现金流量：		
收回投资收到的现金		
取得投资收益收到的现金	0	
处置固定资产、无形资产和其他长期资产收回的现金净额	0	
处置子公司及其他营业单位收到的现金净额		
收到其他与投资活动有关的现金		
投资活动现金流入小计	0	
购建固定资产、无形资产和其他长期资产支付的现金	1 410	
投资支付的现金		
质押贷款净增加额		
取得子公司及其他营业单位支付的现金净额	3 000	
支付其他与投资活动有关的现金		
投资活动现金流出小计	4 410	
投资活动产生的现金流量净额	-4 410	
三、筹资活动产生的现金流量：		
吸收投资收到的现金		
其中：子公司吸收少数股东投资收到的现金		
取得借款收到的现金		
发行债券收到的现金		
收到其他与筹资活动有关的现金		
筹资活动现金流入小计		
偿还债务支付的现金		
分配股利、利润或偿付利息支付的现金	2 170	
其中：子公司支付给少数股东的股利、利润	120	
支付其他与筹资活动有关的现金		
筹资活动现金流出小计	2 170	
筹资活动产生的现金流量净额	-2 170	
四、汇率变动对现金的影响		
五、现金及现金等价物净增加额	-1 800	
加：年初现金及现金等价物余额	3 300	
六、年末现金及现金等价物余额	1 500	

10.5 合并所有者权益变动表

合并所有者权益变动表是反映构成企业集团所有者权益的各组成部分当期的增减变动情况的财务报表。

合并财务报表准则规定,合并所有者权益变动表应当以母公司和子公司的所有者权益变动表为基础,在抵销母公司与子公司、子公司相互之间发生的内部交易对合并所有者权益变动表的影响后,由母公司合并编制。合并所有者权益变动表也可以根据合并资产负债表和合并利润表进行编制。

所有者权益变动表作为以单个企业为会计主体进行会计核算的结果,分别从母公司本身和子公司本身反映其在一定会计期间所有者权益构成及其变动情况。在以母公司和子公司个别所有者权益变动表为基础计算的各所有者权益构成项目的合计金额中,必然包含重复计算的因素。因此,编制合并所有者权益变动表时,需要将这些重复的因素予以剔除。

10.5.1 编制合并所有者权益变动表时应进行抵销处理的项目

1. 母公司对子公司的长期股权投资与母公司在子公司所有者权益中享有的份额相互抵销

母公司对子公司进行的长期股权投资,并不引起整个企业集团的资产、负债和所有者权益的增减变动。编制合并财务报表时,应当在母公司与子公司财务报表数据简单相加的基础上,将母公司对子公司长期股权投资项目与子公司所有者权益项目予以抵销。其抵销处理参见本章第二节“长期股权投资项目与子公司所有者权益项目的抵销处理”的内容。

2. 母公司对子公司、子公司相互之间持有对方长期股权投资的投资收益应当抵销

合并所有者权益变动表中的利润分配项目是站在整个企业集团角度,反映对母公司股东和子公司的少数股东的利润分配情况。因此,子公司的个别所有者权益变动表中利润分配各项目的金额,包括提取盈余公积、分派利润和期末未分配利润的金额都必须予以抵销。其抵销处理参见本章第三节“母公司与子公司、子公司相互之间持有对方长期股权投资的投资收益的抵销处理”的内容。

10.5.2 合并所有者权益变动表的编制

合并所有者权益变动表的格式与个别所有者权益变动表基本相同。所不同的只是在子公司存在少数股东的情况下,合并所有者权益变动表增加了“少数股东权益”项目,用于反映少数股东权益变动的情况。

【例 10.18】 沿用例 10.1 和例 10.11,M 公司与 Z 公司 2009 年度个别所有者权益变动表的资料参见表 10.6。

根据上述资料，M 公司首先应当设计合并工作底稿（见表 10.4），将 M 公司、Z 公司个别所有者权益变动表的数据过入合并工作底稿，并计算所有者权益变动表各项目的合计金额。其次，编制抵销分录，将 M 公司与 Z 公司之间的内部交易对合并所有者权益变动表的影响予以抵销，并计算出各项目的合并金额。最后，根据合并工作底稿中的合并金额，可编制完成该企业集团 2009 年度合并所有者权益变动表，参见表 10.11。

表 10.11 合并所有者权益变动表

会合 04 表

编制单位：M 公司　　　　2009 年度　　　　单位：万元

项目	本年金额									上年金额								
	归属于母公司所有者权益							少数股东权益	所有者权益合计	归属于公司所有者权益							少数股东权益	所有者权益合计
	实收资本（或股本）	资本公积	减：库存股	盈余公积	一般风险准备	未分配利润	其他			实收资本（或股本）	资本公积	减：库存股	盈余公积	一般风险准备	未分配利润	其他		
一、上年年末余额	4 000	800		732		468			6 000									
加：会计政策变更								720①	720									
前期差错更正																		
二、本年年初余额	4 000	800		732		468		720	6 720									
三、本年增加变动金额（减少以“－”号填列）		80		268		862		99	1 309									
（一）净利润						2 810		199	3 009									
（二）直接计入所有者权益的利得和损失		80						20	100									
1. 可供出售金融资产公允价值变动净额								20	20									

① 720 万元为 2009 年 1 月 1 日，M 公司购买 Z 公司 80% 的股份时，按其可辨认净资产的公允价值计算确定的少数股东权益的金额 =（Z 公司的所有者权益总额 3 500 万元 + Z 公司固定资产公允价值增加额 100 万元）×20%。

续表

项目	本年金额									上年金额								
	归属于母公司所有者权益							少数股东权益	所有者权益合计	归属于公司所有者权益							少数股东权益	所有者权益合计
	实收资本（或股本）	资本公积	减：库存股	盈余公积	一般风险准备	未分配利润	其他			实收资本（或股本）	资本公积	减：库存股	盈余公积	一般风险准备	未分配利润	其他		
2. 权益法下被投资单位其他所有者权益变动的影响		80							80									
3. 与计入所有者权益项目相关的所得税影响																		
4. 其他																		
上述（一）和（二）小计		80				2 810		219	3 109									
（三）所有者投入和减少资本																		
1. 所有者投入资本																		
2. 股份支付计入所有者权益金额																		
3. 其他																		
（四）利润分配				268		-1 948		-120	-1 800									
1. 提取盈余公积				268		-268			0									
2. 提取一般风险准备																		
3. 对所有者（或股东）的分配						-1 680		-120	-1 800									
4. 其他																		
（五）所有者权益内部结转																		

续表

项　目	本年金额									上年金额								
	归属于母公司所有者权益							少数股东权益	所有者权益合计	归属于公司所有者权益							少数股东权益	所有者权益合计
	实收资本（或股本）	资本公积	减：库存股	盈余公积	一般风险准备	未分配利润	其他			实收资本（或股本）	资本公积	减：库存股	盈余公积	一般风险准备	未分配利润	其他		
1. 资本公积转增资本（或股本）																		
2. 盈余公积转增资本（或股本）																		
3. 盈余公积弥补亏损																		
4. 其他																		
四、本年年末余额	4 000	880		1 000		1 330		819	8 029									

知识链接

1. 本章主要阐述了合并财务报表的合并范围和合并财务报表的编制。本章主要内容有：合并财务报表的合并范围；合并财务报表调整分录的编制；合并财务报表抵销分录的编制。

2. 学习本章内容，应重点关注的问题包括：合并财务报表的合并范围；对子公司个别财务报表进行调整的会计处理；将长期股权投资由成本法调整为权益法的会计处理；合并工作底稿中抵销分录的编制。

3. 企业应当按照规定披露合并财务报表附注信息，主要包括：①企业集团的基本情况；②财务报表的编制基础；③遵循企业会计准则的声明；④重要会计政策和会计估计；⑤会计政策和会计估计变更以及差错更正的说明；⑥报表重要项目的说明；⑦或有事项；⑧资产负债表日后事项；⑨关联方关系及其交易；⑩风险管理；⑪母公司和子公司信息。

以上①至⑩项，应当比照《企业会计准则第 30 号——财务报表列报》应用指南的相关规定进行披露。合并现金流量表，还应遵循《企业会计准则第 31 号——现金流量表》应用指南的相关规定进行披露。

4. 学习本章内容，可以阅读和参考《企业会计准则第 33 号——合并财务报表》

及其应用指南、《企业会计准则讲解(2008)》第三十四章“合并财务报表列报”、《企业会计准则第30号——财务报表列报》及其应用指南、《企业会计准则第31号——现金流量表》及其应用指南、《企业会计准则讲解(2008)》第三十一章“财务报表列报”和第三十二章“现金流量表”等内容。

参 考 文 献

[1] 中华人民共和国财政部. 企业会计准则(2006)[M]. 北京:经济科学出版社,2006.

[2] 中华人民共和国财政部. 企业会计准则——应用指南[M]. 上海:立信会计出版社,2006.

[3] 财政部会计司编写组. 企业会计准则讲解(2008)[M]. 北京:人民出版社,2008.

[4] 财政部会计资格评价中心. 全国会计专业技术资格考试辅导教材——中级会计实务(2008)[M]. 北京:经济科学出版社,2007.

[5] 中国注册会计师协会. 2008 年度注册会计师全国统一考试辅导教材——会计[M]. 北京:中国财政经济出版社,2008.

[6] 中国注册会计师协会. 会计[M]. 北京:中国财政经济出版社,2009.

[7] 班景刚. 财务会计学[M]. 上海:立信会计出版社,2008.

[8] 赵治纲. 最新企业会计核算实用指南[M]. 3 版. 北京:经济科学出版社,2009.

[9] 于小镭,徐兴恩. 新企业会计准则实用手册(修订版)[M]. 北京:机械工业出版社,2007.

[10] 刘永泽,陈立军. 中级财务会计[M]. 大连:东北财经大学出版社,2007.